AF455716

BOBÊCHE

ET

GALIMAFRÉ,

VAUDEVILLE-PARADE EN TROIS ACTES,

PAR **MM. COGNIARD**,

REPRÉSENTÉ POUR LA PREMIÈRE FOIS, A PARIS,
SUR LE THÉATRE DU PALAIS-ROYAL,
LE 3 JUILLET 1837.

PRIX : 2 F. 50 C.

Paris.

J.-N. BARBA, LIBRAIRE,

PALAIS-ROYAL, GRANDE COUR, DERRIÈRE LE THÉATRE-FRANÇAIS,
A CÔTÉ DE CHEVET.

****

1837.

BOBÊCHE

ET

GALIMAFRÉ,

VAUDEVILLE-PARADE EN TROIS ACTES,

PAR **MM. COGNIARD**,

REPRÉSENTÉ POUR LA PREMIÈRE FOIS, A PARIS,
SUR LE THÉATRE DU PALAIS-ROYAL,
LE 3 JUILLET 1837.

PRIX : 2 F. 50 C.

Paris.
J.-N. BARBA, LIBRAIRE,
PALAIS-ROYAL, GRANDE COUR, DERRIÈRE LE THÉATRE-FRANÇAIS,
A CÔTÉ DE CHEVET

****

1837.

PERSONNAGES.	ACTEURS.
CHRISTOPHE BOBÈCHE.	M. ALCIDE TOUSEZ.
GALIMAFRÉ, banquiste.	M. LEMÉNIL.
ORTOLAN, fils du maire.	M. LEVASSOR.
M. RONDONNEAU, garde du commerce.	M. BARTHÉLEMI.
JACQUOT, garçon marchand de vin.	M. OCTAVE.
CHINCHILLA.	Mlle PERNON.
Une JEUNE FILLE.	Mlle JOSÉPHINE.
Peuple.	

Au premier acte la Scène se passe à la foire de la Ferté-sous-Jouarre.
Au deuxième, chez un marchand de vin, près le boulevard du Temple.
Et au troisième, sur le boulevard du Temple.

NOTA. — Les Acteurs sont placés au commencement de chaque scène comme ils doivent l'être sur le Théâtre. Le premier inscrit tient toujours en scène la gauche du spectateur, et ainsi de suite. — Les changemens de position, dans le courant des scènes, sont indiqués par des notes au bas des pages.

Imp. de Chassaignon, r. Gît-le-Cœur

BOBÊCHE ET GALIMAFRÉ,

VAUDEVILLE-PARADE EN TROIS ACTES.

ACTE PREMIER.

Une tente de banquiste. Au milieu une corde tendue; l'entrée de la tente au fond à droite : la porte est masquée par un rideau de toile à matelas. Encore à droite, sur le premier plan, est une grosse caisse. Sur le second plan, une table avec divers accessoires, tels que : *clarinette, cimballes une toque en satin, du blanc d'Espagne, etc.* — Au fond, à gauche, un tabouret.

SCENE PREMIERE.

CHRISTOPHE, CHINCHILLA, GALIMAFRÉ, SAUTEURS, MUSICIENS. (1)

(*Chinchilla est en costume d'amour, et tient deux drapeaux dans ses mains. Christophe la peint dans cette attitude. Les Sauteurs sont en grand costume avec des redingottes et des carricks.*)

CHOEUR.

Air *de Zampa. Au plaisir, à la folie.*

A briller, que l'on s'apprête!
{ Mes enfans, faites-vous beaux,
{ Mes amis, faisons-nous beaux;
Il s'agit, pendant la fête,
D'éclipser tous { vos / nos } rivaux.

GALIMAFRÉ. Allons, chaud! chaud! chaud! (*Aux sauteurs.*) Messieur les artistes, allez vous requinquer, vous friser, vous arroser d'huile antique. Que votre tenue fasse honneur à votre directeur... le célèbre Galimafré!

CHRISTOPHE. (*A part.*) Cet homme est gros d'amour-propre. (*A Chinchilla.*) Les bras un peu plus haut... belle Chinchilla ..

(1) Sur la tente, à la gauche du spectateur, est une grande toile, sur laquelle Christophe a peint Chinchilla en costume d'amour, et dansant sur la corde.

arrondissez les coudes... de l'expression dans les coudes, s'il vous plaît.

CHINCHILLA. C'est-y ça ?

CHRISTOPHE. Bravi! bravissimò !..

GALIMAFRÉ. Quant à vous, Messieurs de la musique, tempérez-vous sur le liquide... la bouteille de litre, n'étant point un instrument d'orchestre, je la prohibe pour ce soir... Que la clarinette modère sa soif, et que la grosse caisse conserve sa dignité... Tapez fort; il nous faut de la mélodie.. A Paris, sur mon théâtre du boulevard du Temple, je n'ai point de rivaux; mais dans une foire, Messieurs les artistes, vous avez à lutter avec les ânes savans, les marchands de pains d'épices, et les puces travailleuses... Ici, Messieurs, du bruit d'abord, de la banque... du talent ensuite!.. J'ai dit... tournez-moi les talons... Si la recette est bonne, je paie à souper... Allez.

(*Reprise du Chœur.*)

A briller, que l'on s'apprête,
Etc., etc.

(*Les Sauteurs et les Musiciens sortent.*)

SCENE II.

CHRISTOPHE, CHINCHILLA, GALIMAFRÉ.

CHINCHILLA, *à Christophe.* Dites-donc, M. Christophe, c'est-y fini ?

CHRISTOPHE, *peignant sur la toile.* Ça tire à sa fin.

CHINCHILLA. C'est que ça me tire aussi joliment les bras.

CHRISTOPHE. Vous pouvez lâcher vos drapeaux... j'ai terminé vos mains... encore quelques coups de pinceau sur la figure... et nous dirons *fait à fait!* Finis, finium...

(*Chinchilla cesse de poser, et Christophe charge sa palette de couleurs.*)

GALIMAFRÉ. Dépêchons-nous, mon jeune barbouilleur, j'ai urgence de mon enseigne...

CHRISTOPHE. Père Galimafré, je vous saurai gré de ne point m'appeler barbouilleur... je suis peintre d'histoire...

GALIMAFRÉ. Histoire de rire...

CHRISTOPHE. Non pas; histoire pour de vrai...

CHINCHILLA. Vous avez donc exposé... au grand salon?

CHRISTOPHE. Oui, au grand salon... de Flore, à la Courtille ; c'est moi qu'a fait toutes les peintures.

GALIMAFRÉ. Qu'est-ce que tu viens me chanter? c'est badigeonné tout en jaune, ton grand salon.

CHRISTOPHE. Hé bien! tout est de moi... moi, Christophe... et l'orchestre, donc?.. les guirlandes avec des flageolets et des tambours de basque en sautoir... encore de moi, Christophe.

GALIMAFRÉ. Si tu n'as fait que de pareils chefs-d'œuvre, je ne m'étonne nullement que tu n'aies pas été décoré?

CHRISTOPHE. Décoré... si fait... parbleu!.. j'ai été décorer le salon du *Grand-Vainqueur* de M. Desnoyers; ça m'a valu ça.

GALIMAFRÉ. Assez de bavardage... mon garçon, dépêche-toi d'en finir... Allons, Chinchilla, allons, mon enfant, posons, posons... Pendant ce temps-là, je vais alleR chez MonsieuR (1) le maire.

CHINCHILLA, *allant poser de nouveau.* Vous n'êtes donc pas en règle pour votre permission?

GALIMAFRÉ. Non, je n'ai pas mon numéro... Hier, je me suis emparé de la meilleure place pour construire ma barraque... et je vais aujourd'hui demander l'autorisation : les autorisations, ça se demande toujours comme ça.

CHINCHILLA. Mais, mon oncle, vous avez eu tort; il fallait attendre la permission...

GALIMAFRÉ. Fi donc?

Air du Luth galant.

Agir ainsi, c'est agir en niais,
Et mon moyen me répond du succès.
Quand on a de l'audace, on peut tout entreprendre.
Va, crois-moi, mon enfant, c'est sottise d'attendre;
Ce qu'on veut obtenir, d'abord il faut le prendre,
On le demande après. (*bis.*)

Où est ma cravate? (*Il s'habille.*)

CHRISTOPHE, *peignant.* Ce père Galimafré a la rouerie d'un gros singe... Ah! v'là que ça s'avance... oh! quelle belle chair je vous fais là. (*Il chante bas, à Chinchilla..*)

« Portrait charmant, portrait de mon amie,
« Comprenez-vous, ou, ou, l'allégorie? »

Jolie Chinchilla, animez votre sourire.. regardez-moi avec expression... encore plus d'expression... tant que vous en aurez, donnez-m'en!

CHINCHILLA. Mais je fais ce que je peux...

CHRISTOPHE, *peignant.* Oh! là... très-bien... je vous ai fait des

(1) Il fait sonner l'*r*.

yeux humides... j'adore les yeux humides... Maintenant je n'ai plus qu'à vous reprendre la jambe...

GALIMAFRÉ. Qu'est-ce que tu dis ?

CHRISTOPHE. Rien ; c'est la jambe de votre nièce que je tiens en ce moment.

GALIMAFRÉ. Ah ! bon, bon !

CHRISTOPHE. Quelle jambe !.. c'est un vrai moule... (*Bas à Chinchilla.*) O Chinchilla ! délirante fumenambule !.. tu remues toutes les cordes de mon âme. (*Il veut lui baiser la main.*)

CHINCHILLA, *le repoussant.* (*Bas.*) Si mon oncle vous voyait...

GALIMAFRÉ, *qui a fini sa toilette.* Ha ça, qu'est-ce que vous marmottez donc là-bas? hein ?.. (*A part.*) Je soupçonne ce farceur-là d'en tenir pour ma nièce... J'éclaircirai la chose, et si le fait existe... je lui frotterai les côtes, aussi vrai que je m'appelle César, Jupiter, Galimafré, premier paradiste de France. (*Haut.*) Je cours chez *monsieuR* le maire.

CHRISTOPHE. Bien des choses de ma part à lui et à ses proches.

CHINCHILLA. A revoir, mon oncle.

GALIMAFRÉ.

Air : *L'économie est une vertu.* (de la Tirelire.)

Dépêchez-vous; moi de ce pas
J' m'en vas là bas
Chez monsieur l' maire;
Bientôt, j'espère,
Galimafré
Obtiendra tout d' l'autorité.

Reprise.

CRISTOPHE et CHINCHILLA.

Dépêchez-vous, et de ce pas
Allez là bas.
Etc., etc.

(*Galimafré sort.*)

SCÈNE III.

CHRISTOPHE, CHINCHILLA.

CHRISTOPHE. Il est parti !.. vivat ! O mon amour ! je puis vous parler à mon aise de ma passion... voilà assez long-temps que je me comprime... laissez-moi faire éclater mes transports!.. ô ma Chinchilla!

CHINCHILLA. Monsieur Christophe, vous m'aimez donc beaucoup?

CHRISTOPHE. Si je vous aime beaucoup!.. mais plus que ça encore... à perte de vue!.. si je l'aime beaucoup! Chinchilla, donnez-moi *des* grands coups de balancier dans le dos, mais ne me posez pas de ces questions-là. Pour vous, Chinchilla, je braverais les plus énormes calottes, les volées les mieux conditionnées.

CHINCHILLA. Ce pauvre Christophe!

CHRISTOPHE. Oh! c'est que ce n'est point *une* amour d'hirondelle que je ressens là... c'est un feu éternel, et ma poitrine n'est qu'une plaque brûlante.

CHINCHILLA. Mais comment ça vous est-il donc venu?

CHRISTOPHE. Comment donc ça m'est venu? Ecoutez, Chinchilla: Il y a trois mois... ou environ... c'était un jour de dimanche, mon étoile me poussa pour la première fois dans votre théâtre du boulevard du Temple... la salle était très-pleine, il faisait chaud, l'air n'était point embaumé... je commençais à regretter mon argent, lorsqu'un petit vent agréable se fit sentir... on venait de lever la toile;.. une jeune fille en amour, avec un carquois et sans balancier, s'élance de la coulisse, et vient bondir sur la corde roide. Je restai muet et immobile, comme un lion du Château-d'Eau... chaque rond de jambe m'allait au cœur, et quand, arrivé au bout de son chemin périlleux, la jeune fille en amour, et sans balancier, distribua à pleines mains des baisers aux spectateurs... c'en était fait... j'aimais... j'aimais à outrance...

CHINCHILLA, *jouant la modestie.* Et quelle était cette jeune fille en amour?

CHRISTOPHE. Après la danse de corde, vint la pantomime... la jeune fille revint... elle était en Colombine... toutes les paillettes de ses jupons m'éblouissaient!.. je n'y voyais plus! j'étais fou, tant c'était beau, étourdissant.

CHINCHILLA. Et qui jouait Colombine?

CHRISTOPHE. Enfin!.. au dernier acte, je n'y tins plus!.. et quand Arlequin embrassa Colombine, la jalousie me transporta, au point que j'enfonçai mon coude dans l'œil de mon voisin. Il me riposta par plusieurs coups de poing; nous nous roulâmes sous les banquettes, et on nous jeta à la porte... Voilà comment ça m'est venu; voilà comment j'aimai la jeune fille en Amour et en Colombine... voilà, Chinchilla, comment je vous aimai!..

CHINCHILLA. Je le savais déjà.

CHRISTOPHE. Vous le saviez alors... c'était donc pour me faire poser...

CHINCHILLA. Non... mais ça m'a fait plaisir de vous le faire répéter...

CHRISTOPHE. Depuis ce jour là, ça va de plus fort en plus fort, comme chez votre voisin... M. Nicolet. A Paris, je suis l'abonné le plus chaud de votre théâtre, et quand vous venez funambuler dans les foires de village, je prends ma boîte de couleurs, et je chemine avec vous... Ce voyage-ci, j'ai été assez heureux pour que votre oncle ait besoin de mes talens, et j'en bénis mes pinceaux...

CHINCHILLA. Mais où tout cela vous mènera-t-il?..

CHRISTOPHE. Je ne sais...

CHINCHILLA. Vous n'avez rien?

CHRISTOPHE. Absolument... je voudrais pouvoir vous offrir un équipage pommelé, avec des laquais derrière; mais je n'ai d'autre titre à votre attachement que celui d'orphelin... j'ignore mes parens... mais ça ne m'empêchera pas de vous idolâtrer...

CHINCHILLA. C'est possible; mais, mon oncle, vous le savez, ne me mariera jamais qu'à un danseur, un équilibriste, un Hercule!...

CHRISTOPHE. Un Hercule!.. mais, mon dieu, je suis prêt à faire tous les travaux nécessaires pour le devenir; car si je ne suis rien de tout ça, c'est pas faute de m'abîmer le corps et l'âme... allez!

CHINCHILLA. Comment vous auriez essayé ?..

CHRISTOPHE. Oui, oui, oui.. depuis deux mois je me livre en cachette aux exercices les plus malsains; je me ruine l'estomac à vouloir avaler des sabres...

CHINCHILLA. Vraiment?

CHRISTOPHE. Dès l'aube du jour, à jeun, je me plante des clous dans les yeux, je me fourre des lames de couteau dans le gosier... mais je ne peux pas m'y faire... Quant aux exercices de vigueur, ça ne va pas mieux; à bras tendu, ça passe encore; mais je n'ai pas de force dans les dents. . quand je veux porter des poids... ça me tombe sur les pieds... Pour ce qui est de la danse, c'est bien pis encore!

CHINCHILLA. Vous vous êtes donc aussi exercé?..

CHRISTOPHE. A danser sur la corde... je crois bien? il n'y a pas un parapet sur le boulevard où je n'aie failli vingt fois me casser les reins... ajoutez que je m'habitue à prendre mes repas la tête en bas et les pieds en l'air... mais, ce qui me navre, c'est que je ne fais pas le moindre progrès... il faut avoir la vocation de ces choses-là.

CHINCHILLA. Hé bien! écoutez Christophe... puisque c'est par amour pour moi, et que vous avez tant de bonne volonté et de désir de devenir un danseur... je veux me charger de votre éducation...

CHRISTOPHE. Vous!.. ça serait possible... vous voudriez m'éduquer... oh! c'est trop de joie!.. je me livre à vous, jambes, tête et bras... Avec vous, ô Chinchilla!.. je veux devenir le phénix des acrobates... je veux qu'on me cite comme le danseur le plus élastique des quatre parties du globe.... l'Europe, l'Asie, l'Afrique et l'Amérique que l'on vient de découvrir... Je veux qu'on dise de moi : Ce n'est plus un homme, c'est un ressort qui se détend; c'est un oiseau, une plume, une bulle de savon... un grand morceau de caoutchou... Déjà, je ne touche plus la terre... il me semble que je franchirais douze cavaliers surmontés de douze plumets... Chinchilla! laissez-moi vous franchir... pour Dieu, laissez-moi vous franchir.

(*Ici la ritournelle de l'air d'Actéon.*)

CHINCHILLA. Silence!.. j'entends quelqu'un...

CHRISTOPHE. Quelqu'un... c'est sans doute du monde... n'ayons pas l'air... (*Il va reprendre sa palette.*)

CHINCHILLA. C'est un étranger.

SCÈNE IV.

CHRISTOPHE, CHINCHILLA, ORTOLAN.

Air d'Actéon. *C'est le bourgeois du fils d'un agent de change.*

ORTOLAN.

C'est bien ici!... sort heureux et prospère!
Mademoiselle, enfin je puis vous voir.

CHINCHILLA.

Que voulez-vous, Monsieur?

ORTOLAN.

Je veux vous plaire.
De vous charmer, oui, j'ai conçu l'espoir.
Un pouvoir invincible
M'amène en ce séjour.

CHINCHILLA et CHRISTOPHE.

Un pouvoir invincible
L'amène en ce séjour.

ORTOLAN, *à Chinchilla.*

Peut-on être insensible
Sous les traits de l'amour. (*bis.*)

ENSEMBLE.

Un pouvoir invincible,
L'amène / M'amène } en ce séjour.

ORTOLAN.

Je suis charmant,
Oui, cela prend.

CHRISTOPHE et CHINCHILLA.

Il est vraiment
Par trop plaisant.

CHRISTOPHE, *à part.* Ha ça, où veut en venir cet incroyable ?

CHINCHILLA. Veuillez, Monsieur, vous expliquer plus clairement.

CHRISTOPHE, *à part.* C'est déjà pas mal clair.

ORTOLAN, *lorgnant avec un binocle.* Oui, mademoiselle, oui... je vais m'expliquer; mais, dites-moi, quel est ce garçon fort laid qui nous écoute ?

CHINCHILLA, *à Ortolan.* C'est le peintre de l'administration.

CHRISTOPHE, *bas à Chinchilla.* Dites-lui que je suis sourd...

CHINCHILLA, *à Ortolan.* Vous pouvez parler devant lui... il est sourd.

ORTOLAN. Alors il ne saurait nous entendre... mais il peut nous voir. *(Christophe lui fait signe de dire qu'il est myope.)*

CHINCHILLA. Non... il a la vue basse... il n'y voit pas plus loin que son nez...

ORTOLAN. Hé, hé... il n'a pas alors une très-mauvaise vue ce garçon-là... hé, hé, hé. *(Il rit avec prétention.)*

CHRISTOPHE, *à part.* Attends, méchant !.. c'est bête ce qu'il a dit là, c'est plat... oh ! le plat !

CHINCHILLA. Monsieur vient sans doute retenir des places pour ce soir... Demandez, Monsieur; les premières sont à douze, les secondes à quatre... il y a même des places à deux sous.

ORTOLAN, *riant.* Et, de plus, les enfans et messieurs les militaires ne paient que moitié place... je sais ça, je sais ça... mais ce n'est pas ce qui m'a poussé vers ces lieux. Séduisante danseuse, je m'appelle Ortolan, j'ai une position, des titres... je suis fort à mon aise... et je viens, près de vous, dans l'espoir de toucher votre cœur...

CHRISTOPHE, *devant la toile, chantant :*

Va-t-en voir s'ils viennent, Jean,
Va-t-en voir s'ils viennent!

ORTOLAN, *se retournant.* Hein ?

CHINCHILLA. Ne faites pas attention... ce n'est pas de vous qu'il parle.

ORTOLAN. A la bonne heure... mais c'est égal, il me gêne... est-ce que je ne pourrais pas m'en débarrasser à force d'argent... quelques gros sous suffiraient, je pense.

CHINCHILLA. Mais, Monsieur, je ne vois pas pourquoi vous voulez être seul à seul avec moi ?

CHRISTOPHE, *à part.* Oh ! bien répondu.

ORTOLAN. Pourquoi, chère amie... parce que je vous ai vue hier annoncer votre spectacle par la ville; parce que vous m'avez impressionné... parce que j'ai soif de vous dire que je vous idolâtre... que je suis fort à mon aise... et que rien ne m'arrêtera.

CHRISTOPHE, *devant sa toile.* (*Il chante.*) « Gusman ne connaît pas d'obstacle. »

ORTOLAN. Il est bien insipide le sourd... qui a la vue basse.

CHINCHILLA. Mais, Monsieur, c'est donc une déclaration que vous avez l'intention de me faire...

ORTOLAN. Oui, charmante artiste, oui, c'est une... je le déclare ouvertement.

Air : *Natif du faubourg du Temple*

Je brûl' d'un amour extrême.

CRISTOPHE, *feignant de peindre.*

Avec un peu d' jaun' sur l' nez.

ORTOLAN.

Je mérite que l'on m'aime.

CRISTOPHE, *idem.*

Les g'noux sont trop mal tournés.

ORTOLAN.

Réponds-moi, charmante brune ;
Je veux faire ton bonheur,
Je veux faire ta fortune.

CHRISTOPHE, *idem.*

Oh ! dieu ! la mauvais' couleur !

ORTOLAN.

Que l'amour te conseille.

CHRISTOPHE, *idem.*

J' vas t'allonger l'oreille.

ENSEMBLE.

ORTOLAN.

Ah ! réponds à mes feux,
Mes feux amoureux.

CRISTOPHE.

Ça devient scandaleux ;
J' vas t' noircir les yeux.

CHRISTOPHE, *quittant son tableau.* (*Il fredonne sur la ritournelle.*) Tra, la, la, la, la.

ORTOLAN. Décidément je crois que ce drôle se moque de moi... si ça continue, je vais lui faire accepter un soufflet...

CHRISTOPHE, *s'approchant vivement d'Ortolan.* (1) Monsieur a parlé de portrait?.. monsieur m'appelle... monsieur désire sa lithographie... je suis à vos ordres... je peins le grotesque aussi bien que le beau idéal... Votre portrait à l'huile, ça sera dix écus... Si vous fournissez l'huile, je vous diminuerai quelque chose.

(1) Chinchilla, Christophe, Ortolan.

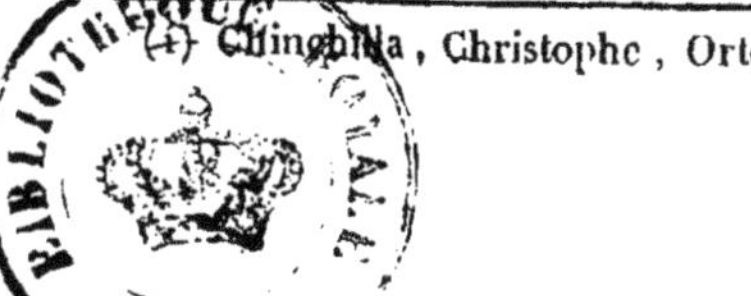

ORTOLAN, *lui criant à l'oreille.* Sourd! vous m'ennuyez, allez-vous-en!

CHRISTOPHE. A la détrempe? je ne vous conseille pas, ça ne durerait pas. (*Bas à Chinchilla.*) Mais renvoyez-le donc? faites-le fuir...

CHINCHILLA, *bas.* Est-ce que je peux? je voudrais vous voir à ma place.

CHRISTOPHE, *de même.* Moi, je le frapperais... ces gens-là, on les frappe.

ORTOLAN, *qui a fouillé dans sa poche et en a tiré une pièce de monnaie.* C'est le seul moyen... (*A Christophe.*) Tenez, l'ami, voilà un écu de trois livres... pour vous... mais... vous... partir, vous fich' le camp... vous comprenir...

(*Il lui fait signe de s'en aller.*)

CHRISTOPHE, *prenant l'argent.* C'est un à-compte que Monsieur me donne... mes pinceaux sont à vos ordres... je vous brosserai quand vous voudrez. (*Il va se remettre à peindre.*)

ORTOLAN. Il est bête à manger de la paille... (*A Chinchilla.*) Je suis désolé, belle enfant, que ce grossier ait troublé notre tête-à-tête... heureusement qu'à tout hasard, j'avais préparé un billet dans lequel je vous énonce mes intentions... vous voyez que ce ne sont pas des paroles en l'air, c'est écrit... daignerez-vous lire ce poulet, et me rendre bientôt une réponse.

(*Il lui tend le billet.*)

CHRISTOPHE, *à part.* Elle va lui jeter sa lettre au nez.

CHINCHILLA, *prenant le billet.* Je lirai votre lettre, Monsieur, je pèserai le pour et le contre... et après, je répondrai ..

CHRISTOPHE, *très-haut.* Oh! trop fort!.. trop fort... elle a pris le poulet!.. oh! trop fort! je m'en vas. (*A part.*) Je cours chercher le père Galimafré, je lui dirai tout. (*Haut et passant au milieu.*) Oh! trop fort! trop fort! je m'en vas!

(*Il sort en sautant comme un fou.*)

SCENE V.

CHINCHILLA, ORTOLAN.

ORTOLAN. Cet homme-là a un coup de marteau... il a quelque chose dans l'œil.. il est fou!.. (*minaudant.*) mais je dois le plaindre, car, moi aussi, je suis fou!.. chère Sylphide...

CHINCHILLA. Monsieur...

ORTOLAN. Nous sommes seuls, ô ma belle! réponds-moi... je ne veux pas abuser de ma position sociale pour influencer ton inclination... je ne te redirai pas que je suis fort à mon aise... et qu'en outre je suis... fils du maire de cet endroit.

CHINCHILLA. Quoi? Monsieur, vous seriez le fils de l'autorité.

ORTOLAN. Je le suis... mais que ce titre ne t'éblouisse pas... je veux être aimé pour moi, et non pour mon nom.

CHINCHILLA, *à part*. Le fils du maire... je dois le ménager.

ORTOLAN. Vous ne me dites rien... vous hésitez.

CHINCHILLA. Monsieur... je n'ose...

ORTOLAN. Parce que j'ai trahi mon incognito... qu'importe... Lisez ma lettre, ma toute belle, lisez... et vous déciderez.

SCENE VI.

LES MÊMES, GALIMAFRÉ, CHRISTOPHE.

CHRISTOPHE, *au fond, à Galimafré*. Tenez, le voilà l'oiseau!

GALIMAFRÉ, *prenant une pose prétentieuse*. Que vient-on de m'apprendre? Un homme s'est introduit dans mon établissement dans des vues de séduction. (1)

ORTOLAN. Qui vous a dit?... C'est ce garcon?

CHRISTOPHE. J'en ai peur.

CHINCHILLA. Vous, Christophe... Ah! c'est bien petit de votre part.

ORTOLAN. Ce garçon est sourd, il aura mal vu... il a la vue basse, il aura mal entendu.

CHRISTOPHE. J'ai très-bien vu et très-bien entendu... Il veut emblêmer votre nièce.. Qu'on fouille Mademoiselle de fond en comble, et si l'on ne trouve pas la lettre en question, je consens à passer pour un faussaire, à faire les choses les plus désagréables... j'embrasserai Monsieur.

ORTOLAN. Insolent!

GALIMAFRÉ. Chinchilla, livrez-moi cet écrit.

CHRISTOPHE. Elle l'aura caché dans son estomac... autorisez-moi à faire une perquisition.

CHINCHILLA, *donnant la lettre*. Je n'ai point de raison pour cacher cette lettre... je ne l'ai même point décachetée... Monsieur n'a point outrepassé, avec moi, les bornes de la politesse, et grâce à lui, M. le maire...

GALIMAFRÉ, *qui a pris la lettre avec humeur*. M. le maire est un animal!

ORTOLAN. Comment dites-vous?

CHINCHILLA. Mon oncle...

GALIMAFRÉ. Il vient de me défendre d'ouvrir mes bureaux... il me refuse une permission... sous prétexte que j'ai usurpé une place qui ne m'appartenait pas... Me traiter comme un vil bateleur!.. Ah! je suis blessé... j'ai besoin de passer ma colère sur quelqu'un, et puisque cette lettre m'en fournit l'occasion...

(1) Chinchilla, Galimafré, Christophe, Ortolan.

Christophe... apporte-moi mon rotin... un échalas, un cotteret... n'importe.

CHRISTOPHE. Subitò... tout de suite. (*Il va au fond à gauche.*)

ORTOLAN. Ha ça, quelle peut être votre intention, M... Chose?

GALIMAFRÉ. J'ai l'intention de vous détruire les reins.

ORTOLAN. Vous oseriez... à moi... Ortolan!

CHINCHILLA, *vivement, à son oncle.* C'est le fils du maire!

GALIMAFRÉ. Le fils du maire!.. Donnez-vous donc la peine de vous asseoir... Christophe! un siége!

CHRISTOPHE, *apportant un bâton.* (1) Le cotteret demandé... voilà!

GALIMAFRÉ. Un cotteret!.. imbécile, c'est un tabouret que j'ai demandé. (*Il prend une chaise des mains de Chinchilla qui la lui présente, et veut à toute force faire asseoir Ortolan.*) (*à Ortolan, se confondant en excuses.*) Le fils de M. le maire!.. ici!... chez moi!.. Chinchilla, reprenez cette lettre qui ne peut être qu'honorable pour vous... (*à Ortolan.*) Pourrais-je vous offrir quelque chose? (2)

CHRISTOPHE, *à part.* Oh! le flatteur!.. oh! la girouette!.. oh!..

ORTOLAN. Trop honnête, banquiste, trop honnête!.. c'est à moi à vous offrir quelque chose... ma protection, d'abord.

GALIMAFRÉ. Hé! quoi! vous daigneriez?..

ORTOLAN. Avant un quart-d'heure, je vous rapporte la permission que vous ambitionnez... signée de mon auguste père.

GALIMAFRÉ. Il se pourrait!..

ORTOLAN. En retour de ce service... j'espère pouvoir me présenter ici pendant toute la durée de la foire.

GALIMAFRÉ. Si vous le pourrez!.. Je vais vous faire inscrire aussitôt sur le grand livre des entrées... En venant, vous nous ferez trop d'honneur... N'est-il pas vrai, ma nièce?

CHINCHILLA. Certainement, mon oncle.

(*Galimafré fait l'empressé auprès d'Ortolan.*)

CHRISTOPHE, *à part.* O puissance du pouvoir! (3)

ORTOLAN, *à Galimafré et à Chinchilla.* Mais ce n'est pas tout. Je veux vous offrir ici même, une petite collation, ce soir, avant le spectacle.

GALIMAFRÉ. O! Monsieur, vous nous comblez.... vous nous confusionnez... vous nous transconfusionnez...

ORTOLAN, *bas.* Dites-moi... ce badigeonneur ne fait pas partie de votre troupe... et nous pouvons nous en passer?

---

(1) Chinchilla, Christophe, Galimafré, Ortolan.

(2) Christophe, Chinchilla, Galimafré, Ortolan.

(3) Christophe, Chinchilla, Ortolan, Galimafré.

GALIMAFRÉ, *de même.* Dès que sa besogne sera terminée... je le fourre dehors.

ORTOLAN. Très-bien... Je cours chercher votre permission, et m'occuper des provisions.

GALIMAFRÉ. Je réclame l'honneur de vous accompagner

ORTOLAN. A votre aise, banquiste.

Air : *Nicolas, la vie que tu mènes.*

Grâce à vous, il n'est plus d'obstacle,
A la fête nous brillerons,
Et ce soir, avant le spectacle,
Ici, gaîment nous dînerons.
(*à Christophe.*) Dépêche-toi ; que ta peinture
Soit terminée à mon retour.

ORTOLAN, *bas à Chinchilla.*

Tendre amie, aux maux que j'endure,
Daignez compâtir en ce jour.

CHRISTOPHE, *parlant, et s'avançant vivement entre eux.* Dites donc, M. l'Ortolan... quand vous voudrez... pour votre portrait... confiez-moi votre tête... j' vous l'arrangerai.

(*Il frappe du pied avec colère.*)

ORTOLAN. Aïe! le butor!.. il m'a écrasé un orteil.

GALIMAFRÉ. Comment! il aurait osé!.. Serre-moi vite tes pinceaux, et prépare ton compte, entends-tu?

CHRISTOPHE. C'est bon, on s'y conformera.

Reprise.

ENSEMBLE.

GALIMAFRÉ, ORTOLAN, CHINCHILLA.

Allons, partons, } et sans obstacle
Allons, partez, }
A la fête nous brillerons,
Et ce soir, avant le spectacle,
Ici, gaîment, nous dînerons.

CHRISTOPHE.

Allez, partez; sans nul obstacle,
A cette fête ils brilleront,
Et ce jour, avant le spectacle,
Ici, gaîment, ils dîneront.

SCENE VII.

CHINCHILLA, CHRISTOPHE.

CHRISTOPHE, *jetant à terre sa palette.* Et vous croyez que je vais m'en aller? que je vas céder la place à ce mirliflor, à ce paltoquet... oh! non, non, non, non.. n'en concevez pas l'espoir. On m'assommera, on me hachera, on boira mon sang... mais je ne m'en irai pas!.. je... ne... m'en... irai... pas!

CHINCHILLA. Voyons, Christophe, calmez-vous... pour un rien.. vous vous ébouriffez.

CHRISTOPHE. Je m'ébouriffe!.. Ah! c'est pour avoir la permission du maire que votre oncle fait le câlin... Votre oncle n'est qu'un courtisan, un homme de cour!.. Hé bien! s'il a sa permission, il n'aura pas son tableau .. je le déchirerai ce tableau qui devait fixer tous les regards, et attirer la foule à vos représentations!.. c'est mon ouvrage, et je ne veux point le livrer... C'est peint sur toile, je m'en ferai des faux cols, ou des caleçons... Je vais la mettre en pièce.

CHINCHILLA, *le retenant.* Christophe, arrêtez!

CHRISTOPHE. Je ne veux pas.

CHINCHILLA. Vous perdez la tête.

CHRISTOPHE. C'est possible! je veux la perdre.

CHINCHILLA. C'est la jalousie...

CHRISTOPHE. Qui me ronge... c'est vrai.

CHINCHILLA. Vous doutez ..

CHRISTOPHE. De votre amour... oui, oh, oui!

CHINCHILLA. Et à cause de quoi?

CHRISTOPHE. A cause de quoi! Mais regardez donc ce poulet que vous faites sauter dans vos doigts.

CHINCHILLA. Et ce poulet... si je vous le donnais.. sans le lire.

CHRISTOPHE. Comment?

CHINCHILLA, *lui tendant la lettre.* Le voici!

CHRISTOPHE, *la prenant.* La lettre d'Ortolan... vous me la livrez... Oh! donnez... que je la broie, l'infâme!.. que je la déchire avec mes dents... ou plutôt, non... je déshonorerai son écriture. (*il met la lettre dans sa poche.*) Oh! Chinchilla... merci de cette preuve d'amour. Chinchilla!.. vous m'aimez donc?

CHINCHILLA. Eh bien! oui... Oui, Christophe, vous me plaisez... je ne sais pas à quoi ça tient... mais ça est... sans que je puisse ne comprendre le motif.

Air : *Dites-moi pourquoi je vous aime.* (de M. Paul de Kock.)

Ah! dites-moi pourquoi,
Dites-moi pourquoi je vous aime?

Ah ! dites-moi pourquoi,
Dites moi pourquoi je suis folle de toi ?
Vrai ! je suis trop bonasse :
Vous avez le nez gros,
Vous avez l'air caucasse,
Vous avez mill' défauts;
Et puis, pour tout bien,
Vous n' possédez rien;
Votre débine est extrême,
Vous êtes lourdaud.
Pour plaire, en un mot,
Vous n'avez rien de c' qu'il faut.
Ah ! dites-moi pourquoi,
Dites-moi pourquoi je vous aime?
Ah ! dites-moi pourquoi,
Dites-moi pourquoi je suis folle de toi?

Deuxième Couplet.

Souvent vous m' cherchez noise,
Vous êtes rancuneux,
Vous avez l'âm' sournoise,
Vous êtes soupçonneux,
Vous êt's entêté,
Vous êt's emporté,
Vot' jalousie est extrême;
J' suis sure, entre nous,
Qu'étant mon époux,
Vous me donneriez des coups.
Est-ce donc là pourquoi,
Est-ce là pourquoi je vous aime?
Est-ce donc là pourquoi,
Est-ce là pourquoi je suis folle de toi? (1)

CHRISTOPHE. Chinchilla !.. tu m'aimes... parce que tu m'aimes... Ce que tu aimes en moi... c'est moi ! — Je ne suis pas beau, il est vrai ; mais qu'est-ce que la beauté ? une fleur qui se fane... une marguerite, un coquelicot, une bêtise.

CHINCHILLA. Et puis vous m'avez promis de mériter ma main.

CHRISTOPHE. Et je tiendrai parole... Oui, oui ! je sens là que je me distinguerai.

CHINCHILLA. Bien, Christophe... et pendant que mon oncle

(1) *Nota.* — Après : *Vous êtes soupçonneux*, et de trois vers en trois vers, Christophe, sans interrompre l'air, dit : *C'est vrai !* — L'intonation doit changer selon la signification du couplet.

est dehors, nous allons, si vous voulez, commencer dès à présent.

CHRISTOPHE. Ça va!.. à l'œuvre!.. O Amour! veille sur moi!.. veille sur ton jeune élève!.. assouplis mes membres, et cambre moi les reins!

CHINCHILLA. Nous allons commencer par les exercices du cerceau.

CHRISTOPHE, *faisant des changemens de jambe, en place.* Apportez cerceau.

CHINCHILLA, *lui donnant un cerceau.* Exécutons les passes et les contre-passes... Saisissez le cerceau de la main droite, passez... une, deux!

CHRISTOPHE. Une, deux!.. Oh!

CHINCHILLA. Qu'est-ce que c'est?

CHRISTOPHE. Je me suis râflé le nez.— Cet exercice est délicat.

CHINCHILLA. Ce n'est rien... Allons, allons, recommençons... Une, deux!

CHRISTOPHE, *sur le même ton.* Ce n'est rien... Allons, allons, recommençons... Une, deux!.. Oh! encore! sur la narine gauche... Décidément, je ne suis point fou de cet exercice... C'est le cerceau qui est trop petit.

CHINCHILLA. Non, c'est votre nez qui est trop grand.

CHRISTOPHE. Vous croyez?.. Je préfère la danse de corde... quelque roide qu'elle soit... Un balancier! (*il monte sur la corde.*) Ah! une toque!.. s'il vous plaît... je ne puis pas danser sans toque.

CHINCHILLA, *lui en donnant une.* (1) En place, attention!.. Attitude du corps... tenue du balancier; position des jambes.

CHRISTOPHE. Et du blanc sous les pieds, donc?.. Du blanc sous les pieds, s'il vous plaît?

CHINCHILLA, *lui en mettant.* La jambe... l'autre!.. là... allez!..

(*Elle prend une clarinette, et joue la garotte; il fait des folies pendant la ritournelle; il pose son balancier sur un de ses genoux, et envoie des baisers au public.*)

CHINCHILLA. Maintenant, sans balancier. (*Christophe danse avec des drapeaux, descend, et salue le public.*) Bravo! très-bien!

CHRISTOPHE. Vrai?.. Oh! vous me ravissez d'aise... Vous trouvez donc que je mords à la corde... Et dire que cé sera à vous, Chinchilla, que je devrai l'honorable profession que j'aurai dans les jambes... O mes jambes! soyez reconnaissantes... à genoux, ô mes jambes!.. à genoux devant petite maîtresse chérie!

(*Il tombe aux genoux de Chinchilla, et lui couvre la main de baisers.*)

CHINCHILLA. Cher Christophe!

---

(1) Christophe, Chinchilla.

SCENE VIII.

LES MÊMES, GALIMAFRÉ, ORTOLAN.

ORTOLAN, *laissant tomber une assiette sur laquelle est un pâté.* Oh!

GALIMAFRÉ. Ah!

(*Il laisse tomber un dindon qu'il portait sur un plat.*)

CHOEUR. (1)

Air : *O malheur! ô surprise!*

Qu'ai-je vu? sort contraire!
A ses pieds l'insolent!
O surprise! ô colère!
Vengeons-nous à l'instant. } *bis.*

CHRISTOPHE. Père Galimafré, ne vous faites pas de bile... Les apparences sont contre moi, je l'avoue; mais, vous le savez, les apparences sont trompeuses.

GALIMAFRÉ. Ha ça, est-ce que tu me prends pour un père dindon, par hasard?

CHRISTOPHE. Loin de moi, loin de moi!.. Je ne chercherai pas à prouver mon alibi... j'étais aux pieds de votre nièce, c'est convenu... Je lui déclarai mon parfait amour... approuvé!.. Je couvrais sa main de mes chauds baisers... oui, oui... Mais qu'est-ce que cela prouve?

ORTOLAN. C'est trop fort!

GALIMAFRÉ. Ah! qu'est-ce que ça prouve?

CHRISTOPHE. Ça prouve que je suis coîffé de Chinchilla... que je veux m'unir à elle selon les formalités... et que je suis prêt à devenir sauteur, danseur, tout ce que vous voudrez.

GALIMAFRÉ. Toi! l'époux de Chinchilla?.. la reine des funambules!

CHRISTOPHE. Qu'importe!.... si je deviens l'empereur des acrobates?

GALIMAFRÉ. Tais-toi, vil barbouilleur, tais-toi! Pour t'allier au sang des Galimafré, sais-tu seulement faire le saut de carpe?

CHRISTOPHE. Le saut de carpe!.. Comment l'entendez-vous?

GALIMAFRÉ. L'animal ne sait seulement pas ce que c'est.

ORTOLAN. L'ignorant ne s'en doute pas.

---

(2) Christophe, Chinchilla, Galimafré, Ortolan.

CHRISTOPHE. M. Eperlan, je ne vous parle pas!.. Père Galimafré, ne me plongez pas au désespoir ; laissez-vous amollir.

CHINCHILLA. Mon bon oncle, il peindra les décors du théâtre.

ORTOLAN, *à part.* Elle intercède pour lui!.. Oh ! que c'est donc mesquin !

CHRISTOPHE (1) Tenez, s'il le faut, je ravalerai ma dignité d'homme... Je deviendrai votre Jocrisse, votre paillasse... je ferai la parade, je me mettrai du blanc d'Espagne sur la figure, je ferai des grimaces, je tirerai ma langue, et vous me donnerez des coups de pied partout.

ORTOLAN, *tirant à part Galimafré.* M. Galimafré, je vous déclare, foi d'Ortolan, que je ne vous livrerai point cette permission, si vous ne chassez à l'instant cet insolent badigeonneur— qui a fait le sourd à mon égard, et s'est complètement moqué de moi... C'est à prendre ou à laisser.

GALIMAFRÉ, *prenant la permission.* Je prends. (*fortement.*) Christophe, tourne-moi les talons... remarque bien ces lieux pour n'y plus reparaître... Va, vole, et ne reviens pas. (2)

ORTOLAN. A la bonne heure, donc !

CHRISTOPHE. Vous me renvoyez!..

GALIMAFRÉ, *saisissant son rotin.* Dépêche-toi de déguerpir... ou gare aux os !

CHINCHILLA. Mon oncle, appaisez-vous.

GALIMAFRÉ. Chinchilla, les nerfs me démangent!

CHRISTOPHE. Ah! vous me chassez!.. hé bien ! je me moque de vous, vieux banquiste ! Je me fiche de vous comme de Colin-Tampon ! Ah! vous me chassez ! Une fois, deux fois, trois fois?..

GALIMAFRÉ. Va-t'en !.. tu n'es qu'un grand zéro ! un propre à rien... Tu n'es pas digne de marcher sous mes tréteaux.

CHRISTOPHE. Ah! je suis un propre à rien! Hé bien! dès ce jour, je jette au vent mes pinceaux et mes toiles... je foule aux pieds ma palette... et, malgré toi, je monterai dessur les tréteaux... dessur, entends-tu? Ah! je suis un propre à rien!.. Nous verrons si je ne saurai pas aussi bien que toi débiter des bêtises devant la foule... A moi! calembourgs et coqs-à-l'âne... à moi ! les grelots de la *Follie* !.. O bon public!.. bon public!.. je m'abandonne à toi !

GALIMAFRÉ. Tu me fais pitié !.. va-t'en, te dis-je... va-t'en! tu ne seras jamais qu'un Bobêche!

CHRISTOPHE. Un Bobêche!.. Hé bien, ce nom là, je le garde... j'en accepte le baptême... il te sera fatal... Je ne m'appelle plus Christophe, je me nomme Bobêche... Merci du mot, vieux

(1) Chinchilla, Christophe, Galimafré, Ortolan.

(2) Galimafré, Chinchilla, Christophe, Ortolan.

farceur... Avant peu, Galimafré, le premier paradiste de France, ne sera plus qu'un radoteur! Bobèche existe!.. Adieu! je veux être ton cauchemar éternel... je veux troubler tes jours, tes nuits et tes parades!.. Adieu! artiste manqué... adieu! gros saltimbanque...

GALIMAFRÉ. Saltimbanque!!! c'en est trop!.. A moi mon rotin.

(*Il lève sa canne.*)

CHINCHILLA. Arrêtez!

ORTOLAN. Non, tapez dessus!

CHRISTOPHE, *empoignant Ortolan.* C'est toi qui a dit: Tapez dessus! toi, un Ortolan... mais j'en mangerais dix comme toi!

ORTOLAN, *criant.* Aïe... aïe... arrachez-moi de ses mains.

(*Mêlée générale. — Galimafré veut atteindre Christophe; Chinchilla le retient toujours. — On ne peut parvenir à arracher Ortolan des mains de Christophe. — A la fin du chœur, Christophe enfonce Ortolan dans la grosse caisse, et disparaît.*)

CHOEUR.

Air *des Huguenots. Final du premier acte de César.*

Ah! quel affront! quelle insolence!
Traiter ainsi l'autorité!
Il faut, amis, tirer vengeance
D'une aussi grande indignité!

CHRISTOPHE, *à Ortolan.*

Pour châtier ton insolence,
Je brave ici l'autorité...
De toi je veux tirer vengeance,
Et te rosser en liberté.

FIN DU PREMIER ACTE.

ACTE II.

Un marchand de vins. — Porte au fond. — Portes latérales. Une table à droite, avec une chaise.

SCÈNE PREMIÈRE.

M. RONDONNEAU, *puis* JACQUOT.

M. RONDONNEAU, *entrant par le fond.* Garçon!.. Hé bien, personne! (*il frappe sur la table avec son parapluie.*) Garçon! la boutique!

JACQUOT. (1) Voilà! voilà! Qu'est-ce qu'il faut servir à Monsieur? un litre? un demi-litre?.. une chopine? un canon? un porichinelle?

RONDONNEAU. Doucement... doucement... Est-ce vous qui êtes le premier garçon de l'établissement?

JACQUOT. Je suis le premier, le second et le troisième... je suis le seul et unique... Donnez-vous la peine de vous asseoir, on va vous servir... Qu'est-ce que vous désirez? une bouteille à quinze... cachet vert... Va pour une bouteille à quinze!

RONDONNEAU. Garçon, vous êtes un vrai moulin à paroles. Je viens pour prendre des renseignemens... je ne veux prendre que des renseignemens.

JACQUOT. Ah! alors, on n'en tient pas ici... Adressez-vous aux *Petites-Affiches;* vous allez suivre le boulevard tout droit, jusqu'à la porte Montmartre... vous tournerez à gauche.

RONDONNEAU, *impatienté.* Garçon, comment vous appelle-t-on?

JACQUOT. Jacquot, pour vous servir.

RONDONNEAU. Et moi Rondonneau, pour vous être agréable... Or, garçon, je saurai reconnaître généreusement votre complaisance. (*il fouille à sa poche.*) Répondez-moi donc... et vous ne vous en repentirez pas.

JACQUOT. Comme ça, je suis à vos ordres.

RONDONNEAU. Dites-moi, garçon Jacquot, vous connaissez sans doute M. Galimafré?

---

(1) Jacquot, Rondonneau.

JACQUOT. Si je le connais!.. c'est notre plus fidèle pratique.

RONDONNEAU. Ah! ah!

JACQUOT. C'est, de plus, notre locataire. Le patron lui louait son premier; puis il a pris successivement le second et le troisième... et maintenant il occupe le quatrième.

RONDONNEAU. Diable!.. Ainsi donc, ses affaires...

JACQUOT, *avec mystère*. Le patron parle de le reléguer au cinquième.

RONDONNEAU. Je comprends.

JACQUOT. Que voulez-vous? il doit déjà trois termes... et si ça continue...

RONDONNEAU. Son théâtre ne prospère donc plus?

JACQUOT. Ça dégringole.

RONDONNEAU. Ses sauteurs, ses danseurs de corde?

JACQUOT. Ça dégringole.

RONDONNEAU. Et depuis quand cela?

JACQUOT. Parbleu! depuis que le célèbre Bobèche est venu s'établir sur le boulevard.

RONDONNEAU. Bobèche?.. En effet, ce nom est venu jusqu'à moi.

JACQUOT. Ah! c'est que c'est un malin, celui-là!.. et il y a plus d'un grand personnage qui ne dédaigne pas de s'arrêter et de rire quand il fait sa parade. Aussi, depuis qu'il est venu s'installer sur le boulevard, Galimafré a été enfoncé, ruiné. — On délaisse ses farces, et l'on ne va plus à son spectacle.

RONDONNEAU. Diable! diable!... ce que vous me dites là est déplorable... Vous ne me trompez pas, garçon Jacquot?

JACQUOT, *allant prendre un registre*. Tenez, en v'là une preuve qui parle d'elle-même... Vous allez juger de leurs affaires par leurs dépenses. — *Compte de M. Galimafré.* — Pendant la semaine dernière, Galimafré, avec sa nièce, manzelle Chinchilla... ils ont dépensé à eux deux, sept livres dix sous... et ils prennent tous leurs repas ici... déjeûners et dîners.

RONDONNEAU. Ce qui fait quatorze repas... Sept livres dix sous pour quatorze repas, c'est plus que modeste.

JACQUOT. A présent, v'là le compte de M. Bobèche. — Dans la même semaine, il a élevé sa dépense à quarante francs... Hein... voilà ce qui prouve bien la différence du talent!.. Quarante francs... Trente-trois francs de talent de plus que l'autre... par semaine.

RONDONNEAU, *à part*. Allons, j'en sais assez, et je ne dois plus balancer. (*haut.*) Garçon, je vous suis très-obligé.

JACQUOT, *tendant la main* C'est pour vous rendre service, ce que j'en ai fait... car, voyez-vous, je n'ai pas pour habitude de jaser sur le compte des voisins.

RONDONNEAU, *lui donnant une poignée de main*. J'aime à le croire...

Adieu, garçon Jacquot; je vous ai promis de reconnaître votre complaisance... je reconnais que vous avez été très-complaisant... Adieu... portez-vous bien. (*Il sort.*)

SCENE II.

JACQUOT, *puis* ORTOLAN.

JACQUOT. En v'là une fameuse pratique!.. Heureusement que j'ai d'autres profits... et que, grâce à mamzelle Chinchilla, je récolte par ci, par là de nombreuses pièces de monnaie. — Deux amoureux pour elle seule... c'est gentil!.. et deux amoureux qui mettent facilement la main à la poche... c'est encore mieux... Quant à moi, je protège M. Ortolan, je protège M. Bobêche, et je reçois des deux mains... moi, pas bête!.. Oh! en v'là déjà un.

ORTOLAN, *paraissant à la porte, et parlant au dehors.* Cocher, attendez-moi... je tâcherai de ne pas être long-temps. (*à part, en venant sur le devant.*) Un cabriolet à l'heure, c'est un ver rongeur... Ah! c'est vous, Jacquot?.. Hé bien, avez-vous remis mon vingt-cinquième billet doux à l'adorable Chinchilla? (1)

JACQUOT. Oui, M. Ortolan, hier au soir, entre sept et huit...

ORTOLAN. Ah! très-bien... Et qu'a répondu la syrène?

JACQUOT. Que vous la fournissiez de papillottes.

ORTOLAN. Est-elle rusée! est-elle rusée!.. cette chère amie.. C'est tout simple... devant vous, Jacquot, elle joue l'indifférence.

JACQUOT. Ah! vous croyez que devant moi... elle joue...

ORTOLAN. Sans le moindre doute... Vous comprenez bien, Jacquot, que mes hommages doivent tourner la tête à cette jolie enfant, et c'est naturel.. Je suis très-haut placé... j'aurai un jour quinze cents livres de rentes!.. quinze cents livres de rentes!.. c'est doux à prononcer, n'est-ce pas?.. c'est coulant!

JACQUOT. Je crois bien!.. Ça ne se trouve pas sous le pied d'un porteur d'eau.

ORTOLAN, *fouillant à sa poche.* Aussi, voyez-vous, Jacquot... je ne regarde pas à la dépense, moi!.. et quand on me sert avec zèle, l'argent ne me coûte rien... Tenez, voilà quinze sous.

JACQUOT. Tout à vous, M. Ortolan. (*à part.*) Bon, v'là la recette qui commence.

ORTOLAN, *qui a regardé à sa montre.* Dix minutes de mangées... et mon cabriolet qui est à l'heure. (*à Jacquot.*) Est-ce que Chinchilla tardera à descendre, hein?

JACQUOT. Elle est sortie.

(1) Ortolan, Jacquot.

ORTOLAN. Encore !..

JACQUOT. Mais je crois qu'elle rentrera bientôt.

ORTOLAN. Ces sorties multipliées m'inquiètent, mon cher Jacquot.

JACQUOT. Comment, Monsieur... vous auriez la chose de croire ?..

ORTOLAN. Rien, Jacquot, rien... Un homme comme moi ne peut craindre de rivaux... Cependant... (*Il va au fond.*) (1)

JACQUOT, *à part.* Quel bon Jobard ! S'il savait que mamzelle Chinchilla sort ainsi, tous les matins, pour voir son cher Bobêche, derrière le Château-d'Eau... mais, faut rien dire...

ORTOLAN. Ah ! je la vois !.. oui, c'est-elle !.. elle cause avec une marchande de cerises... Elle vient !.. Jacquot, en amour comme en amitié, toujours un tiers nous embarrasse, ce qui veut dire, mon garçon, allez-vous-en très-vite.

JACQUOT. Je disparais... je suis payé pour ne rien voir.

(*Il sort par la gauche.*)

SCENE III.

ORTOLAN, *puis* CHINCHILLA.

ORTOLAN.

Air *de l'anglais en bonne fortune.* (Musique de M. Paul de Kock.)

Que je suis heureux !
Pour combler mes vœux,
Oui, c'est elle qui s'avance !
(*Ici Chinchilla entre.*)
Charmante beauté,
Mon cœur enchanté,
Au devant de toi s'élance !
Je prends feu... je deviens fou !
Oui, pour un pareil bijou,
J' donn'rais tout l'or du Pérou !

(*Continuant l'air ensemble.*)

ORTOLAN.

Quel bonheur pour mon âme !
C'est elle ! la voici !
Tout un brasier m'enflamme,
Quand je la vois ainsi.

(1) Jacquot, Ortolan.

CHINCHILLA.

Quel ennui pour mon âme!
Il va sans doute, ici,
Me parler de sa flamme;
Ah! grand dieu! quel ennui!

CHINCHILLA. Vous, ici, Monsieur?.. de si grand matin?

ORTOLAN. Oui, chère amie... j'accours, en toute hâte, pour vous communiquer une nouvelle toute fraîche, fraîche comme vous!.. une nouvelle que j'attends depuis six grands mois!.. depuis que j'ai quitté La Ferté-sous-Jouarre, ma ville natale, pour vous suivre à Paris, la reine des cités.

CHINCHILLA. Et cette nouvelle, Monsieur?

ORTOLAN. Vous le savez, adorable danseuse, brûl nt de vous faire porter mon nom, j'avais écrit nombre de fois à mon auguste père, afin d'obtenir sa dispense, mais dans ses réponses évasives, il m'avait toujours refusé net son agrément... Poussé par la passion, j'écrivis, il y a huit jours, une dernière lettre vigoureuse, le menaçant de me détruire entièrement par la rivière ou par le charbon, s'il s'obstinait à faire mon malheur... et, de fait, j'avais préparé, au milieu de ma chambre, trois énormes boisseaux de fumerons, auxquels il ne manquait plus qu'une étincelle.

CHINCHILLA. Hé bien?

ORTOLAN. Hé bien, ce matin, ma portière, madame Adhémar, me remet un lettre... timbée de la Ferté-sous-Jouarre... six sous... et signée de l'auteur de mes jours, qui consent à mon mariage, qui consent à tout... Jugez de ma secousse, de ma félicité!.. Je prends aussitôt un cabriolet à l'heure... je ne regarde pas à la dépense... il y a même long-temps que je l'occupe, ce satané cabriolet! mais pour vous apporter cette excellente nouvelle, j'en aurais pris deux plutôt qu'un!.. Et maintenant, ô mes amours! que votre jolie bouche dise : Oui... que votre oncle dise : Ça me va... et je dépose à vos pieds une âme de feu, et quinze cents livres de revenu!

CHINCHILLA, *à part.* Pourvu que mon oncle ne consente pas à ce mariage-là.

ORTOLAN.

Air : *J'arrive auprès de vous, ma belle.* (de l'Eclair.)

Si je n'avais qu'une simple chaumière,
O Chinchilla!... je t'offrirais
Du beurre et des œufs frais;
Mais je suis riche! et je t'offre, ma chère,

Fortune, honneurs, titres, grandeur,
Si cela peut flatter ton cœur.
Ah! parle, je suis là,
Tu peux dire : Il est là!
Mon mari, le voilà!

CHINCHILLA. Monsieur... certainement...

ORTOLAN, *à part.* Elle est étourdie, la pauvre petite!.. N'abusons pas de mon pouvoir. (*haut.*) Je vous laisse à vos réflexions, ô Chinchilla!.. d'autant mieux que j'ai là ce fâcheux cabriolet... ce ver rongeur. Je suis sûr que le cocher a donné un gros coup de pouce à sa montre... Mais, avant peu, je verrai votre oncle vénérable, et si, comme je l'augure, sa réponse est affirmative... alors, oh! alors... nous irons à la Ferté-sous-Jouarre, filer des jours tissus par les amours!

CHINCHILLA, *à part.* Prends garde de le perdre.

ORTOLAN. Vous dites?.. J'aime à croire que vous avez entièrement oublié cet artiste en plein vent, que l'on intitule du nom de Bobêche... Vous méprisez ce paillasse, n'est-ce pas?

CHINCHILLA. Je n'ai point de raison pour en vouloir à M. Bobêche... et si c'est un paillasse... Monsieur... sa réputation, sa renommée...

ORTOLAN. Oh! ne le louangez pas, Chinchilla, ne le louangez pas... ou vous me feriez dire des mots que je ne pourrai plus rattraper... Si ce misérable se permettait de ne pas vous déplaire... j'irai le trouver de ce pas, et, foi d'Ortolan...

JACQUOT, *accourant.* Séparez-vous, voici M. Bobêche! il arrive en gesticulant... en composant sa parade pour tout-à-l'heure.

ORTOLAN. Le voilà... je m'éloigne, car je me crains... Si nous nous trouvions ensemble, je me connais... je ne me connaitrais plus.

ENSEMBLE.

Air : *La belle nature.* (de l'Eclair.)

ORTOLAN.

Oui, je me dépêche,
Ah! séparons-nous;
Car, devant Bobêche,
Je crains mon courroux.

JACQUOT et CHINCHILLA.

Oui, qu'on se dépêche,
Ah! séparons-nous;
Car, avec Bobêche,
Vous auriez l' dessous!

(*Ils sortent tous trois par le fond.*)

SCENE V.

BOBÊCHE, GALIMAFRÉ.

(Ils sont tous deux en costume. Celui de Bobêche est un costume de Jocrisse, et celui de Galimafré, un paysan normand. — Ils entrent sans se voir. — Bobêche vient de gauche, et va se placer à gauche; Galimafré vient de la droite, et s'arrête sur le devant, du même côté.)

Air du *Châlet.* (dans le beau pays de l'Autriche.)

BOBÊCHE, *sans voir Galimafré.*

O! dieu puissant de la parade,
Que j'invoque sur mon estrade,
Inspire-moi!

GALIMAFRÉ.

O! déesse de la folie!
Viens à mon aide!... Mon génie
S'adresse à toi!
De tes grelots que le bruit m'électrise.

BOBÊCHE.

Viens me souffler une grosse bêtise!

ENSEMBLE.

Oui, cela vient... je le sens.,. m'y voilà!
Oh! oui. c'est bien cela;
Oui, le public applaudira. *(bis.)*

Deuxième couplet.

GALIMAFRÉ, *composant toujours.*

Pierrot veut me faire la nique,
Ma main, sur son gros nez applique
Trois gros soufflets.

BOBÊCHE, *de même.*

Sa botte me frappe avec rage,
Dans ce qui fit naître l'usage
Des tabourets!

GALIMAFRÉ, *s'avançant de Bobêche sans le voir.*

Derrière lui doucement... je m'efface...

BOBÈCHE, *même jeu.*

Nous nous trouvons tous les deux face à face...

(*Ils se heurtent et s'envisagent.*)

GALIMAFRÉ. Bobèche!

BOBÈCHE. Galimafré!

ENSEMBLE.

Mon ennemi, mon cauch'mar, le voilà!
Malgré moi, je sens là
Que la fureur m'emportera!

GALIMAFRÉ. Seriez-vous venu dans l'intention de me gouailler, monsieur... Bobèche?

BOBÈCHE. Vous gouailler?.. monsieur... Galimafré.. Non, je ne fais jamais comme tout le monde.

GALIMAFRÉ. Oh! sans doute, vous êtes un si grand homme!

BOBÈCHE. Ce n'est pas moi qui suis grand... ce sont les autres qui sont petits!

GALIMAFRÉ. Vous avez tant de talent!

BOBÈCHE, *avec fatuité.* Mais on m'en accorde quelque peu...

GALIMAFRÉ. Oui, les niais et les imbéciles...

BOBÈCHE. Il y en a tant qu'au moins ça me fait un public!.. quant au vôtre, il ne se compose que de gens d'esprit, et c'est triste pour l'espèce humaine, car votre salle est toujours vide!..

GALIMAFRÉ. Ignoble farceur! intrigant! polisson!..

BOBÈCHE. Des mots à double entente... ne nous échauffons pas les oreilles... causons d'autre chose...

GALIMAFRÉ. Ne causons pas du tout, j'aime mieux ça...

BOBÈCHE. C'est le moyen de ne pas faire de fautes de français.

GALIMAFRÉ, *appelant.* Garçon!

BOBÈCHE, *idem.* Garçon!

JACQUOT, *accourant.* Qu'est-ce qu'il faut vous servir? (1)

GALIMAFRÉ. Mon déjeûner, ici... trois sous de fromage de Hollande...

BOBÈCHE. Trois sous de fromage? c'est un fichu déjeûner!

GALIMAFRÉ, *à part.* L'insolent!.. parce qu'il est sur la roue de la fortune.

BOBÈCHE. Garçon Jacquot!.. vous me servirez dans le cabinet ici dessus... une côtelette aux cornichons, deux trous de boudin, une salade d'œufs rouges, et un litre à quinze! Allez! je vous recommande la salade d'œufs rouges!..

JACQUOT. J'y cours... (*Il sort.*)

GALIMAFRÉ, *à part.* L'orgueilleux! comme il m'écrase de son luxe!

BOBÈCHE. Ça vaudra mieux que trois sous de fromage... je me

(1) Bobèche, Jacquot, Galimafré.

plais à le croire... Trois sous de fromage!.. c'est un fichu déjeuner!

GALIMAFRÉ, *furieux.* Bobèche, le sang me monte à la tête!

BOBÈCHE. Vous pourrez vous mettre les pieds à l'eau, après votre repas... il n'y aura pas de danger...

GALIMAFRÉ. Bobèche... va-t'en... tu sais que je n'ai pas de patience...

BOBÈCHE. Pas de gestes! pas de gestes!..

GALIMAFRÉ. Vil paillasse!

BOBÈCHE. Gros Jocrisse!

(*Galimafré veut donner une calotte à Bobèche qui lui arrête la main.*)

CHOEUR. (ENSEMBLE.)

Air final du premier acte de Farinelli.

O rage! après cette offense,
Oui, j'étouffe de fureur!
Je veux en tirer vengeance;
Car il y va de l'honneur.

SCENE VI.

LES MÊMES, CHINCHILLA, *accourant.*

CHINCHILLA, *continuant l'air, et se plaçant entr'eux.*

Grands dieux!... encore une bataille!
Se disputer toujours; allons, appaisez-vous...

GALIMAFRÉ.

Malheur! malheur à qui me raille!

CHINCHILLA.

Calmez, je vous supplie; ah! calmez ce courroux.

(*Reprise ensemble.*)

GALIMAFRÉ et BOBÈCHE.

O rage! après cette offense,
Oui, j'étouffe de fureur!
Je veux en tirer vengeance;
Car il y va de l'honneur.

CHINCHILLA.

Mais quelle si grande offense
Peut donc causer leur fureur?
Vouloir en tirer vengeance,
Il y va donc de l'honneur?

BOBÈCHE. Chinchilla, laissez-nous!..

GALIMAFRÉ, *la faisant passer à sa gauche.* Viens, ma nièce, viens... ne réponds pas à ce baladin indigne de tes regards.

BOBÈCHE. Allez, allez, vous ne l'empêcherez pas de m'aimer... vous aurez beau faire .. elle sera à moi... parfaitement, légitimement...

GALIMAFRÉ. A toi? Chinchilla, ta femme!.. une alliance entre nous.. fi!.. moi, je deviendrais ton oncle?

BOBÈCHE. Un peu, son neveu... et si vous me refusez votre consentement, savez-vous ce que je ferai?

GALIMAFRÉ. Quoi?

BOBÈCHE. Je m'en passerai... Chinchilia finira par être majeure, et alors, ô mes amours!.. je vous enleverai de ses griffes d'oncle... oui, je t'enleverai, ô ma gente maîtresse!.. nous fuirons à l'étranger... le talent n'a pas de patrie... nous irons à Saint-Pétersbourg, ou plutôt à Venise, oui, à Venise-la-Belle!.. nous aurons une gondole et une guitare... A Venise, tout le monde a une guitare et une gondole... nous mettrons la gondole dans la guitare; (*se reprenant*) non, la guitare dans la gondole, et nous passerons notre vie sur les lagunes, à chanter des barcaroles.

JACQUOT, *entrant avec le déjeûner de Galimafré.* Monsieur Galimafré, voilà ce que vous m'avez demandé... Monsieur Bobêche, vous êtes servi.

BOBÈCHE. Je vais déjeûner... Au revoir, Chinchilla, soyez sans crainte, on ne vous sacrifiera pas... au revoir, Galimafré; (*regardant son assiette*) c'est égal!.. trois sous de fromage de Hollande... c'est un fichu déjeûner!

GALIMAFRÉ, *avec un geste menaçant.* Encore! encore!..

(*Il veut lui donner un coup de pied, Chinchilla l'arrête.*)

(*Reprise du chœur précédent.*)

O rage, après cette offense,
Etc., etc.

(*Jacquot et Bobêche sortent.*)

SCENE VII.

CHINCHILLA, GALIMAFRÉ.

GALIMAFRÉ. Oh! je sors des gonds! je n'y tiens plus... j'étouffe!.. je ferai quelque malheur! c'est sûr... toujours des humiliations à cause de ce gredin... et je ne me vengerais pas!.. oh! si, vengeance!.. vengeance!!..

CHINCHILLA. Mon oncle, allez-vous encore vous rendre malade ?.. vous mettre la bile dans le sang !

GALIMAFRÉ. C'est vrai que j'en suis à ma quatrième jaunisse... toujours à cause de lui... le pendard !

CHINCHILLA. Dame aussi, mon oncle, pourquoi le traitez-vous aussi mal, ce pauvre Bobêche !

GALIMAFRÉ. Tu as dit : Ce pauvre Bobêche !.. elle a dit : Ce pauvre Bobêche !

CHINCHILLA. Mais enfin, que vous a-t-il donc fait ?

GALIMAFRÉ. Ce qu'il m'a fait, le brigand ?.. il m'a volé mon public... il m'a volé ma réputation, ma gloire !.. et la gloire, vois-tu, c'est le pain de l'artiste...

CHINCHILLA. Mais en vous demandant ma main, ne vous a-t-il pas proposé une association ? pourquoi l'avoir repoussé ?

GALIMAFRÉ. Parce qu'il m'aurait fallu mourir de honte en avouant ma défaite... Non, non, tout rapprochement entre nous est impossible. Ecoute-moi, Chinchilla... tu es la fille de mon frère, à cause de ça, je suis ton oncle, je t'ai élevée, tu me dois tes talens... tu fais la voltige, le saut du tremplin, et l'ascension aérienne...

CHINCHILLA. Je sais tout ce que je vous dois, mon oncle.

GALIMAFRÉ. Hé bien, ma fille, prouve moi ta reconnaissance, en oubliant à jamais... Bobêche... et en épousant M. Ortolan.

CHINCHILLA. Mais je ne l'aime pas, cet homme...

GALIMAFRÉ. Chinchilla ! tu ne connais pas encore toute ma débine, il est temps que je déchire le voile... Chinchilla, je suis en arrière de quatre termes ; je dois trois cordes neuves, cinquante francs de blanc d'Espagne... et tous les balanciers ont besoin d'être rafistolés. Bref ! les recettes sont descendues à zéro !.. et j'ai, de par le monde, un fatal billet de cent écus, pour lequel, d'un moment à l'autre, on peut me priver de ma liberté... la liberté... ce bien le plus cher...

CHINCHILLA. Est-il possible !..

GALIMAFRÉ. Tel est mon budget. Chinchilla, tu es une bonne fille, tu ne voudrais pas me plonger dans l'esclavage, m'envoyer rue de la Clé ?.. Hé bien, en épousant Ortolan, tu tires ton pauvre oncle d'embarras, et tu t'assures un avenir de duchesse.

CHINCHILLA. Epouser cet Ortolan qui est si bête !

GALIMAFRÉ. Qu'est-ce que ça fait ? il a de quoi ! Quand on a de quoi, on a le droit d'être bête.

CHINCHILLA, *à part.* Et Bobêche, ce pauvre Bobêche... si je lui confiais...

GALIMAFRÉ, *à part.* Elle se consulte.

CHINCHILLA, *à part.* Oui, ce serait peut-être un moyen.

GALIMAFRÉ. Hé bien ! Chinchilla...

CHINCHILLA. Hé bien! mon oncle, si ce soir vous n'êtes pas tiré d'embarras... je consens à tout!

GALIMAFRÉ. Tu consens!.. viens m'embrasser... ah! tu es bien la nièce de ton oncle... ton sang est bien le mien!..

SCÈNE VIII.

LES MÊMES, ORTOLAN. (1)

ORTOLAN, *entrant en secouant son chapeau.* C'est une très-mauvaise plaisanterie... c'est dégoûtant! ça ne se fait pas!

GALIMAFRÉ. Qu'y a-t-il, cher Ortolan?.. qu'avez-vous?

ORTOLAN. Il faut que je demande au garçon quel est l'impertinent qui déjeûne dans le petit cabinet ici dessus... on m'a jeté toute une salade d'œufs rouges et de laitues sur la tête... C'est absurde!.. ça ne se fait pas!

GALIMAFRÉ, *lui ôtant de son gilet des feuilles de salade.* Ça ne sera rien; c'est un corps gras... avec de l'essence, vous enleverez tout ça... et pour vous faire oublier ce petit désagrément... j'ai à vous annoncer une excellente nouvelle...

ORTOLAN. J'ose vous comprendre, cher Galimafré... eh! quoi?.. l'amour couronnerait mes feux?.. Chinchilla... vous couronneriez mes feux!.. mes feux seraient couronnés!!

CHINCHILLA. Monsieur, mon oncle vous fera part de mes intentions... il se fait tard, et j'ai besoin d'aller me costumer pour la représentation. (*A part.*) Il faut en finir, si Bobèche m'aime réellement, il ne balancera pas. (*Haut.*) Au revoir, Messieurs...

GALIMAFRÉ. Va, ma fille, va faire tes adieux à la corde roide...

ORTOLAN, *faisant l'aimable.* Oh! oui!.. au revoir, ravissante Chinchilla! (*Chinchilla sort.*) Est-ce bien possible?.. mon bonheur est donc une chose convenue... Vous consentez, mon père consent, Chinchilla consent... consentement général!..

GALIMAFRÉ. Oui, c'est conclu... topez là, et souvenez-vous, Monsieur, que je vous fais cadeau d'une femme... sans balancier!!

ORTOLAN. Aussi, je ne balance pas.

GALIMAFRÉ. Et vous savez à quelles conditions?

ORTOLAN. Dès demain, je l'emmène à la Ferté-sous-Jouarre.

GALIMAFRÉ. J'aime mieux que vous l'emmeniez, ce soir même, après le spectacle... Si Chinchilla n'était pas affichée, ce serait tout de suite... mais l'artiste affiché n'est plus loisible de sa personne; ainsi donc, après le spectacle, c'est convenu?

ORTOLAN, *à lui-même.* Ah! des hommes... je suis le plus for-

(1) Chinchilla, Ortolan, Galimafré.

tuné. (*A Galimafré sur un autre ton.*) Ah! des hommes, je suis le plus fortuné!..

GALIMAFRÉ, *à part.* Bobêche! Bobêche!.. c'est le coup le plus terrible que je puisse te porter... et je te le porte...

ORTOLAN. Monsieur Galimafré... je sais que vous êtes talonné par des créanciers... une fois l'époux de Chinchilla... j'appaiserai ces vautours... car que ne vous devrais-je pas?..

GALIMAFRÉ. Vous me devrez... ce que je dois.

ORTOLAN. Mais je vais aller, subitò, retenir les deux meilleures places de la diligence... deux places d'impériale, et, dans une heure, j'accours chercher votre nièce.

GALIMAFRÉ. Allez, jeune homme, allez.

AIR : *Dépêchons, et puis en voiture.*

ENSEMBLE.

ORTOLAN.

Ce soir nous montons en voiture.
Ah ! quelle charmante aventure!
De Chinchilla, espoir bien doux!
Je serai l'époux!
L'amour vient agiter mon âme;
Mais la vengeance aussi m'enflamme.
Bobêche enfin est renversé,
Bobêche est enfoncé,

GALIMAFRÉ.

Ce soir vous montez en voiture,
Ah ! quelle charmante aventure !
Oui, Chinchilla sera pour vous,
Vous s'rez son époux.
L'espoir vient agiter mon âme;
Car la vengeance aussi m'enflamme,
Bobêche enfin est renversé,
Bobêche est enfoncé.

(*Ortolan sort.*)

SCENE IX.

GALIMAFRÉ, *puis* BOBÊCHE.

GALIMAFRÉ. Oh! je respire plus à l'aise... j'ai retrouvé mes poumons!.. je triomphe! je me venge... voilà Bobêche... ah! je vais enfin avoir mon tour!

BOBÊCHE, *à part.* J'ai vu venir le maire... je lui ai même envoyé une salade sur la tête... mais je voudrais savoir...

GALIMAFRÉ, *s'approchant de lui.* Ah! c'est vous, signor Bobèche... dites-moi, avez-vous déjà préparé votre gondole?

BOBÈCHE. Ma gondole?

GALIMAFRÉ. Avez-vous acheté une guitare?

BOBÈCHE. Une guitare?

GALIMAFRÉ. Tout est-il prêt pour enlever Chinchilla? et la conduire à Venise-la-Belle?..

BOBÈCHE. Vous avez l'air bien guilleret... seigneur Galimafré, est-ce votre déjeûner qui vous a mis en aussi belle humeur?

GALIMAFRÉ. Que veux-tu? quand on établit sa nièce... avec avantage...

BOBÈCHE. Hein? qu'est-ce que vous dites?..

GALIMAFRÉ. Je dis... que ce soir, après le spectacle, Chinchilla montera en voiture avec M. Ortolan, son futur époux... pour aller vivre au sein de leur ménage... Que penses-tu de cet hyménée?..

BOBÈCHE. Je dis que c'est une indignité, une petitesse, une grosse iufamie... une vilenie... c'est une vilenie!..

GALIMAFRÉ. C'est tout ce que tu voudras, mais Ortolan sera mon neveu...

BOBÈCHE, *criant :* Vieux Galimafré, vous ne ferez pas une chose comme ça... ce serait vouloir m'enfoncer un damas dans le cœur. Vieux Galimafré, si vous faisiez une chose comme ça... vous seriez un tigre... un homme des bois... un bœuf enragé... il faudrait vous museler... Père Galimafré, il faudrait vous museler!

GALIMAFRÉ. Je méprise tes tournures de phrase... je suis ton ennemi, et je me venge!

BOBÈCHE. Tu veux donc me pousser à bout... gros crétin!

GALIMAFRÉ. Crétin!..

BOBÈCHE. C'est donc un duel à mort que tu veux!

GALIMAFRÉ. Hé bien! oui, c'est un duel à mort!..

BOBÈCHE. Ah! si nous avions des armes... toi, un poignard, moi, une lance!..

GALIMAFRÉ. Je voudrais avoir deux pistolets, l'un chargé, l'autre pas... je prendrais le chargé, et nous verrions...

BOBÈCHE et GALIMAFRÉ. Ah! des armes!.. des armes!..

JACQUOT, *entrant avec deux sabres de cavalerie.* Monsieur Bobèche!.. voilà les deux sabres que vous avez commandés pour votre pièce de ce soir...

BOBÈCHE. Des sabres!.. c'est le ciel qui les envoie... bon, donne, et va-t'en! (1)

JACQUOT. Je retourne à la pratique. (*Il sort en courant.*)

BOBÈCHE, *après avoir mesuré les sabres, les présente en croix à Galimafré.* Choisis... si tu l'oses!

---

(1) Bobèche, Galimafré.

GALIMAFRÉ, *prenant un sabre.* Je l'ose!

BOBÊCHE, *mettant son sabre sous son bras, et relevant ses manches.* Enfin!.. nous allons donc vider notre querelle, en gens d'honneur.

GALIMAFRÉ, *même jeu.* C'est ça... en gens d'honneur... oh! n'espère pas me faire reculer...

BOBÊCHE. Et toi, crois-tu donc me faire peur?

GALIMAFRÉ. Il ne s'agit pas ici de débiter tes balourdises...

BOBÊCHE. Ton gros rire bête ne te servirait à rien...

GALIMAFRÉ, *lui donnant une calotte.* Grand nigaud!

BOBÊCHE, *la lui rendant.* Vieux Pasquin!..

GALIMAFRÉ, *même jeu.* Pauvre niais!

BOBÊCHE, *même jeu.* Grosse boule de bêtise!

GALIMAFRÉ, *même jeu.* Tiens!

BOBÊCHE. Attrape!..

GALIMAFRÉ et BOBÊCHE, *ensemble et sur le même ton.* Ah! c'en est trop!

(*Ils jettent tous deux leurs sabres à terre et se prennent au collet.*)

BOBÊCHE. C'en est trop!

(*Ici on entend au dehors le bruit d'une cloche; les deux combattans s'arrêtent.*)

GALIMAFRÉ. Un instant!.. c'est la cloche de mon théâtre!.. c'est l'heure de ma parade!

(*Une autre cloche plus eloignée se fait entendre.*)

BOBÊCHE. Celle-ci... c'est la mienne qui m'appelle à de nouveaux triomphes!

GALIMAFRÉ. C'est un autre combat qu'il faut se livrer!

BOBÊCHE. Je sais bien à qui restera la victoire...

GALIMAFRÉ. Je compte te la disputer aujourd'hui!.. j'ai composé une scène nouvelle...

BOBÊCHE. Et moi, j'ai fait un chef-d'œuvre nouveau...

GALIMAFRÉ. Nous allons voir qui l'emportera!... à l'œuvre.

BOBÊCHE. A l'œuvre!

ENSEMBLE.

Air : *Amour sacré de la patrie!*

Amour sacré de la bamboche,
Inspire-moi de beaux succès!
C'est le moment, l'heure s'approche,
Viens présider à mes hauts faits!

(*Après l'air ils sortent vivement d'un air inspiré.*)

FIN DU DEUXIÈME ACTE.

ACTE III.

Le boulevard du Temple. — A droite, aux premiers plans, la façade du Théâtre de Galimafré, devant lequel se trouvent les tréteaux. (1)

SCÈNE PREMIÈRE.

GALIMAFRÉ, RONDONNEAU, PEUPLE.

(*Au lever du rideau, Galimafré est monté sur ses tréteaux, devant lesquels le peuple se presse.*)

CHŒUR.

Air des Délices de l'Italie.

Allons, pressez-vous,
La parade commence;
Du plaisir, pour nous,
Ici c'est l' rendez-vous.
A ce farceur-là
Donnons la préférence,
Amis, le voilà,
Nous allons juger ça !

(*Pendant le chœur, Galimafré se promène majestueusement sur son estrade. Pendant la ritournelle finale du même chœur, on entend, dans le lointain, la cloche qui annonce la parade de Bobèche.*)

UN JEUNE HOMME, *s'adressant à la foule.* Dites donc... entendez-vous ?.. c'est la cloche de Bobèche.

UNE JEUNE FILLE. Il est bien plus amusant que celui-là... allez !.. Venez donc... venez donc... nous allons rire... dépêchons-nous.

(1) *Nota.* — Au Palais-Royal, le théâtre change à vue.

UN HOMME. Oui... Oui... courrons voir Bobèche!
TOUS. A Bobèche!.. à Bobèche!

(*Reprise du Chœur.*)

Allons, pressons-nous;
La parade commence;
Du plaisir, pour nous,
Là bas!.. c'est l' rendez-vous.
A Bobèche, oui da,
Donnons la préférence;
Vit', courons par là,
Nous allons juger ça!

(*Tout le monde s'éloigne, excepté Rondonneau, qui se trouve devant Galimafré. Ce dernier paraît accablé de ce qui lui arrive.*)

GALIMAFRÉ, *s'adressant à Rondonneau, d'une voix émue, et après lui avoir ôté son chapeau.* Monsieur! si vous l'exigez.. je vais continuer ma parade pour vous seul!..

RONDONNEAU. Non... M. Galimafré... non... je ne l'exige pas.

GALIMAFRÉ, *descendant de ses tréteaux, et ôtant sa perruque.* O honte!.. ô rage!.. (*s'approchant de Rondonneau.*) Merci, Monsieur, merci... vous n'avez pas voulu suivre les autres dans la crainte d'humilier le pauvre artiste... Vous avez une âme, Monsieur... vous avez une âme.

RONDONNEAU, *saluant.* Vous êtes bien bon... Monsieur... Je suis garde du commerce...

GALIMAFRÉ. Garde du commerce!.. Je reprends ce que j'ai dit... Je vous demande pardon du compliment que je vous faisais... Garde du commerce!.. c'est un pauvre état!

RONDONNEAU, *cherchant dans un grand portefeuille.* Bien pénible parfois à exercer... Tel que vous me voyez... Monsieur... j'adore les parades... je suis fou des arts, et je m'arrête souvent des heures entières devant votre théâtre... Je prise beaucoup votre talent... (*lui présentant un billet.*) C'est trois cents francs.

GALIMAFRÉ. Comment dites-vous ça?

RONDONNEAU. C'est un petit billet de trois cents francs, pour lequel on a obtenu protêt, prise de corps... Je suis en règle... je suis en mesure... et si vous ne pouvez payer...

GALIMAFRÉ. Un moment, Monsieur!.. un moment!.. Avant d'en venir là... vous avez le droit de saisir ma recette... Pour vous acquitter, toute ma recette est à vous!.. (*appelant.*) Chinchilla! Chinchilla!

SCENE II.

RONDONNEAU, GALIMAFRÉ, CHINCHILLA.

CHINCHILLA ; *elle a repris son costume du premier acte, seulement elle porte un carrick pardessus.* Mon oncle !...

GALIMAFRÉ, *avec impatience.* Combien avons-nous de recette ?

CHINCHILLA. Deux parterres à quatre sous, et un amphithéâtre à dix sous.

GALIMAFRÉ. En tout, dix-huit sous... Saisissez, Monsieur... saisissez, tout est à vous.

RONDONNEAU. De dix-huit sous à trois cents francs... la différence est par trop forte... et vous me permettrez, M. Galimafré, de vous saisir vous-même... en personne.

CHAINCHILLA. Saisir mon oncle !

RONDONNEAU. J'en suis désolé, mais il faut me suivre à Sainte-Pélagie... Un fiacre nous attend là-bas... Mes hommes sont à leur poste, et je vous engage, dans votre intérêt, à ne point résister à la force.

GALIMAFRÉ, *s'échauffant.* Ne pas résister à vos chiens d'arrêt ?.. vous vous mettez ça dans le toupet ?.. Mais vous êtes si bon enfant que vous en êtes bête... Mais vous me faites rire beaucoup... Mais montez donc sur mes tréteaux, vous allez faire de l'argent.

RONDONNEAU, *fortement.* M. Galimafré... je vous somme de me suivre.

CHINCHILLA. Mon pauvre oncle !.. vous iriez en prison ?..

GALIMAFRÉ, *criant.* Je n'irai pas !.. Moi, César-Jupiter Galimafré, en prison ?.. Je n'irai pas !.. ou bien alors on m'y traînera... on m'y portera en lambeaux... on ne m'aura qu'avec la vie... Je n'irai pas !.. je n'irai pas !.. je le jure... je le jure sur la tête de Monsieur ! (*Il donne un renfoncement à Rondonneau.*)

RONDONNEAU. A moi, mes hommes !.. à moi !

SCENE III.

LES MÊMES, DEUX GARDES DU COMMERCE, PEUPLE, *puis* BOBÈCHE.

(*On se saisit de Galimafré, qui se débat.*)

CHŒUR.

Air : *Que j'étais fou quand j'espérais.* (De Catherine.)

ENSEMBLE.

RONDONNEAU et LES GARDES.

Empoignons-le, vite en prison,
Et sans plus de raison...
Le destin qui l'attend,
Il l'a bien mérité vraiment.
Allons, au lieu de batailler,
Il vaudrait mieux payer.
Puisqu'il n'a pas d'argent,
Il faut qu'il nous suive à l'instant.

GALIMAFRÉ et CHINCHILLA.

Pourquoi { me / le } conduire en prison,
Et sans plus de raison?
Le destin qui { m'attend, / l'attend,
{ Je n' l'ai pas / Y n' la pas } mérité vraiment.
{ Avec moi / Avec lui } pourquoi batailler :
{ Je ne peux pas / Il ne peut pas } payer.
Nous n'avons pas d'argent,
Sans quoi nous paierions à l'instant.

BOBÈCHE, *perçant la foule. Il est en costume de Pierrot, avec du blanc sur le visage.* (1)

Air de la Savonette impériale.

D'où vient donc ce tapage?..

GALIMAFRÉ.

O honte ! ô rage !..

(1) Rondonneau, Bobèche, Galimafré, Chinchilla.

Oui, l'esclavage
Vient m'effrayer...

BOBÊCHE, *lui prenant la main.*

Vous êtes dans la détresse.
Mais le temps presse;
Plus de tristesse...
Je viens payer!...

(*L'orchestre reprend piano l'air du chœur précédent.*)

TOUS. Payer!..

BOBÊCHE, *présentant un sac.* Oui, voilà trois cents bons francs en écus de six livres.

GALIMAFRÉ. Il se pourrait!.. Mais.. qui êtes-vous?

BOBÊCHE. Qu'importe!.. (*à Rondonneau.*) M. Machin, voilà l'argent, donnez-moi le billet. (*à Galimafré.*) Père Galimafré, remontez sans crainte sur vos tréteaux... Vous ne devez plus rien. (*Il déchire le billet, et en jette les morceaux à terre.*)

GALIMAFRÉ. Généreux Pierrot!.. Oh! mais qu'exige-tu en échange de ce service... parle...

BOBÊCHE. Je ne veux rien... je n'exige rien... je ne demande rien.

GALIMAFRÉ. Je te l'accorde, ô le plus généreux des Pierrots!.. Tu me diras, au moins, à qui je suis redevable d'un pareil service?..

BOBÊCHE. Pas davantage... Vous voilà libre... je m'en vas...

GALIMAFRÉ. Arrête!..

BOBÊCHE. Laissez-moi!

GALIMAFRÉ. Ton nom?..

BOBÊCHE. Je n'en ai pas...

GALIMAFRÉ. Et tu veux?..

BOBÊCHE. Me donner de l'air... Très-bien... au revoir... bonjour. (*Fausse sortie.*)

GALIMAFRÉ, *le retenant par ses habits.* Non, Pierrot... non... tu ne t'en iras pas ainsi.. Tu dépouilleras ton incognito.

BOBÊCHE. Je ne dépouillerai rien du tout.

(*Il se débat, veut fuir; son costume de Pierrot reste dans les mains de Galimafré : il se trouve habillé comme au commencement de l'acte, avec la différence que sa figure reste enfarinée.*) (1)

GALIMAFRÉ, *le reconnaissant.* Bobêche!

BOBÊCHE. Eh bien! oui... c'est Bobêche, votre rival... Bobêche, votre ennemi... mais, Bobêche, véritable artiste, et qui ne

(1) Rondonneau, Galimafré, Bobêche, Chinchilla.

peut abandonner dans la débine, le grand, le célèbre, l'illustre Galimafré, le roi de la parade.

GALIMAFRÉ, *ému.* Il a dit le roi de la parade!.. Ah!.. Bobèche!.. ce que tu fais là!.. Tiens... tiens. . tu m'as humecté toutes les paupières... Ta main, mon ami... je n'y résiste plus... Regarde ma nièce... je ne te dis que ça.

BOBÈCHE. Pas un mot de plus!.. j'ai conçu!

CHINCHILLA. Mon bon oncle!

BOBÈCHE. Eh bien!.. eh bien!.. que ce mariage cimente une autre union... Père Galimafré!.. associons nos deux gloires, mêlons nos deux renommées, vivons ensemble dans la farce, et marchons du même pas à la postérité!

GALIMAFRÉ. Ton offre m'électrise... j'accepte... je jure de ne jamais rompre cette alliance... je le jure... toujours sur la tête de Monsieur!

(*Il donne un nouveau renfoncement à Rondonneau.*)

BOBÈCHE. Viens!.. viens!.. tes tréteaux nous attendent... Touche là... Si je n'étais Bobèche... je voudrais être Galimafré!

GALIMAFRÉ, *lui présentant l'autre main.* Touche là... Si je n'étais Galimafré, je voudrais être Bobèche!

(*Galimafré, Bobèche et Chinchilla se dirigent vers les tréteaux. Chinchilla a ôté son carrick, et se trouve dans le même costume qu'au premier acte.*)

CHOEUR.

(*Pantalon des Huguenots.*)

Air : *Buvons, buvons, c'est le bonheur de la vie.*

(Des Femmes, le Vin et le Tabac.)

Bravo! (*bis.*) célébrons cette journée!
Pour tous deux, ah! quelle belle destinée!
Bravo! (*bis.*) célébrons cette journée!
Pour nos loisirs,
Quel bonheur et quels plaisirs!

(*Pendant ce chœur, Bobèche et Galimafré paraissent sur les tréteaux.*

Ensemble en criant : Ah! ah! ah! ah! ah! ah!

GALIMAFRÉ. Paillasse!

BOBÈCHE. Matelas!

CALIMAFRÉ. Comment! que veut dire cette réponse? Drôle, tu mériterais...

BOBÈCHE. Dame! vous me parlez de paillasse, je vous parle de matelas... Monsieur, faites-moi un croquet...

CALIMAFRÉ. Comment, un croquet?

BOBÈCHE. Oui, un croquet, un colifichet, un plaisir, si vous l'aimez mieux.

CALIMAFRÉ. Ah! le butor, avec son croquet... Eh bien! que me veux-tu?

BOBÈCHE. Faites-moi le croquet, le plaisir, le colifichet de m'écouter.

CALIMAFRÉ. Allons, j'écoute. Tu me disais donc que tu venais de voyager?

BOBÈCHE. Oui, Monsieur, je sors de voyager vers l'hydropique du concert.

CALIMAFRÉ. Vers le tropique du cancer.

BOBÈCHE. C'est juste, vers le tropique du cancer. Dans ce pays-là, j'ai traversé dix-huit lieues de moutarde à la nage sans éternuer... vers les cannes à dards...

CALIMAFRÉ. Vers le Canada... Qu'il est bête!

BOBÈCHE Dans la capitale de Montpié.

CALIMAFRÉ. Comment, dans la capitale de Montpié?.. le butor! je suis sûr qu'il veut dire dans la capitale du Piémont.

BOBÈCHE. Oui, c'est cela, dans la capitale du Piémont... J'ai vu des gens très-polis.

CALIMAFRÉ. Dis donc que tu as vu Tripoli; c'est un pays...

BOBÈCHE. Une fois en pleine mer, nous avons été assaillis par un ours.

CALIMAFRÉ. Par un ours?..

BOBÈCHE. Oui, un ours avec des gants.

CALIMAFRÉ. Il veut dire un ouragan... Et comment vous en êtes vous tirés?

BOBÈCHE. Monsieur, je fus avalé par une baleine, comme feu M. Jonas.

CALIMAFRÉ. Par une baleine!

BOBÈCHE. Oui, Monsieur; j'y suis resté quinze jours à me régaler de toute espèce de friture... mais comme je ne voyais pas clair dans le ventre de la baleine, et que je voulais en sortir, je me souvins que j'avais du jalap dans ma poche... je tirai deux ou trois pincées de ce laxatif, j'en farcis les intestins du *ça suffit...*

GALIMAFRÉ. Comment, *ça suffit?..* que veux-tu dire par là?.. je ne t'entends point, paillasse!

BOBÊCHE. Quoi! vous ne savez pas ce que c'est qu'un *ça suffit?*

GALIMAFRÉ. Ah!.. il veut dire un cétacée.

BOBÊCHE. Un *c'est assez*, un *ça suffit*, est-ce que ce n'est pas la même chose?

GALIMAFRÉ. Je te l'ai dit cent fois, paillasse, il y a plusieurs espèces de poissons : les cétacées, les testacées, les crustacées.

BOBÊCHE. Pardine! je le sais bien... Les *c'est assez*, les *têtes cassées*, les *cruches cassées*. Monsieur, à peine avais-je donné du jalap à la baleine, qu'elle fit des efforts, des efforts!.. et comme je me trouvais très-éloigné de la tête, je suis tout bonnement sorti par une porte dérobée.

GALIMAFRÉ, *lui donnant un coup de pied au derrière.* Taisez-vous, *imbéceule!*

BOBÊCHE. Aïe!.. Ah! Monsieur, qu'avez-vous fait?

GALIMAFRÉ. Qu'est-ce que c'est?

BOBÊCHE. Vous venez de casser le verre de ma montre!

GALIMAFRÉ. C'est assez nous amuser aux bagatelles de la porte... Chinchilla, montrez-vous, au public... Bobêche, donnez-moi ma badine...

(*Reprise du chœur.*)

Bravo! (*bis.*) célébrons cette journée,
Etc., etc.

SCENE IV.

LES MÊMES, ORTOLAN, *en costume de voyage, avec un commissionnaire portant ses paquets; Chinchilla sur les tréteaux, avec son costume du premier acte.*

ORTOLAN. Par ici... par ici.. commissionnaire... attendez-moi là... (*Lorgnant les tréteaux.*) Que vois-je!..

GALIMAFRÉ, *à la foule.* Messieurs et mesdames... bonnes d'enfans et soldats...

BOBÊCHE. Signora et mistriss...

GALIMAFRÉ. Nous avons l'avantage de vous offrir aujourd'hui...

BOBÊCHE. Le spectacle...

GALIMAFRÉ. Le...

BOBÊCHE. Plus...

GALIMAFRÉ. Surprenant.

BOBÊCHE. Le tout terminé...

GALIMAFRÉ. Par les exercices...

BOBÈCHE. Voluptueux...

GALIMAFRÉ. Sur la corde...

BOBÈCHE. Roide...

GALIMAFRÉ. De la surprenante...

BOBÈCHE. Chinchilla...

GALIMAFRÉ. La future épouse du célèbre Bobêche.

ORTOLAN, *hors de lui.* Un instant!.. un instant!.. je ne le souffrirai pas... j'ai la parole de l'oncle... un instant!.. (*Il grimpe sur l'estrade. — Au public.*) Messieurs... je m'appelle Ortolan... je suis le fils du maire... j'ai quinze cents livres de rentes...

BOBÈCHE, *lui donnant un coup de badine sur les doigts.* Silence!.. (*Au public.*) Messieurs, cet homme est un paillasse anglais... il arrive de London... Ce jeune indigène paraîtra ce soir dans les exercices... il portera sur les reins les six personnes les plus charnues de la société, et avalera trois cuillerées à pot de plomb fondu...

ORTOLAN. Je n'avalerai rien du tout.

BOBÈCHE, *le frappant de nouveau de sa badine.* Silence!.. De plus, Messieurs, ce jeune gentleman, tatoué sur tout le corps, exécutera la petite boxe et la grande boxe avec moi... dont de quoi je vas vous donner une idée! (*Il fourre des coups de poing à Ortolan qui se défend de son mieux.*) Une, deux... v'lan!!

ORTOLAN. Aie!.. sur l'œil... c'est une indignité...

BOBÈCHE. Il est vaincu! en avant la musique!

(*La musique se fait entendre, Ortolan descend vivement des tréteaux; il a l'œil tout noir.*)

ORTOLAN, *furieux.* Il m'a poché l'œil!.. j'en ai assez de ces horribles gens... je retourne à la Ferté-sous-Jouarre. (*Criant.*) Vauriens que vous êtes : saltimbanques, paillasses, polichinelles, acrobates!.. (*Il sort suivi du commissionnaire.*)

GALIMAFRÉ. Entrez... entrez... Messieurs... le prix des places n'est point augmenté, les premières sont à dix, les secondes à quatre... les troisièmes à deux sous, les banquettes sont parfaitement rembourées...

BOBÈCHE. Et les personnes qui seront sur le derrière auront l'avantage de pouvoir se tenir debout.

(*Le public entre chez Galimafré.*)

CHOEUR.

Air : *Quadrille de la Saint-Hubert.* (De Julien.)

Le plaisir, le bonheur,
C'est de rir' de bon cœur ;

En ces lieux, pressons-nous,
Mes amis, entrons tous.
Plus d'ennui, désormais,
Puisqu'il vont vivre en paix,
Tous les deux, tour-à-tour,
Charmeront ce séjour.

(*Le public est entré ; Galimafré, Chinchilla et Bobeche sont descendus de leur tréteau.*)

BOBÈCHE, *au public.*

Pardon, Messieurs, si nous vous laissons là...

GALIMAFRÉ.

Vous le voyez, là-bas on nous appelle.

BOBÈCHE.

A son devoir tout artiste est fidèle.

GALIMAFRÉ.

Et l'on murmure déjà.

CHINCHILLA, *accourant et sortant du théâtre.* Hé bien!.. qu'est-ce que vous faites donc là?.. le public s'impatiente.

GALIMAFRÉ. Le public!.. le public! (*il montre le public.*) tu ne vois pas que nous sommes entre deux feux.

CHINCHILLA. Faut pourtant lever le rideau?..

BOBÈCHE. Oui, mais il faut faire baisser celui-ci...

(*Ils s'avancent tous deux respectueusement, et saluent.*)

(*Reprise de l'air.*)

GALIMAFRÉ.

Entre vos mains

BOBÈCHE.

Nous mettons notre sort...

GALIMAFRÉ.

Daignez, Messieurs...

CHINCHILLA.

N' fait's donc pas les banquistes :
(*Au Public.*) Cela veut dir' : Nous somm's tous bons artistes,
Applaudissez-nous bien fort.

(*Cris dans la coulisse.*) La toile! la toile!..

ENSEMBLE.

Un Public exigeant
Nous réclame à l'instant,
Pour juger, bien ou mal,
Il attend vot' signal!
Des bravos, des bravos,
Pour l'honneur des tréteaux :
Accueillez de bon gré
Bobêch', Galimafré.

(L'orchestre reprend le chœur avec accompagnement de grosse caisse et de cimballes. — Le rideau tombe.

FIN DU TROISIÈME ET DERNIER ACTE.

CHEZ LE MÊME LIBRAIRE :

CABINET SECRET du Musée royal de Naples, in-4 grand raisin vélin, orné de 60 pl. coloriées, représentant les peintures, bronzes et statues érotiques qui existent dans ce cabinet. Au lieu de 100 fr. 30 f. coloriées, et en fig. noires, 20 fr.

L'art ancien et l'art au moyen-âge ne se piquaient pas d'une pudeur bien chaste ; les plus admirables chefs-d'œuvre sont souvent accompagnés de détails obscènes qui en rendent impossible l'exposition aux yeux de tous. Le cabinet secret du roi de Naples est la seule galerie au monde où l'on se soit proposé de réunir tous les chefs-d'œuvre impudiques. Le livre qui les reproduit est l'indispensable complément de toutes les collections de musées, et doit trouver place dans un coin secret de la bibliothèque de l'artiste comme de celle de l'amateur.

CHEFS-D'ŒUVRE DE CHATEAUBRIAND, grand cavalier velin, in-8, broché, satiné, à 4 fr. le volume au lieu de 15 fr. — Le Génie du Christianisme, 3 vol. — Les Martyrs, 2 vol. Atala, René, le dernier des Abencerrages, 1 vol. — Itinéraire de Paris à Jérusalem, 2 vol. — Chaque volume, demi-reliure, veau, nerf, 2 fr. en plus.

Cette magnifique édition d'admirables ouvrages, que beaucoup de personnes veulent posséder sans acquérir les œuvres politiques de l'auteur, est pour la première fois, par l'abaissement considérable de leur prix, mise à la portée de tous les amateurs de beaux livres.

DESCRIPTION DES PIERRES GRAVÉES du Cabinet du Duc d'Orléans, au nombre de 173 pl. et un portr. 2 vol. petit in-fol. — Au lieu de 120 f. Net 15 f. Cart. à la Bradel. 20 f.

Cette description, dont le premier volume a été fait par l'abbé Armand ; le deuxième par Lachau et Leblond, explique, reproduit la plus belle collection connue en ce genre d'antiquités. Trois hommes d'esprit se sont associés pour nous faire connaître les trésors que renfermait un des plus curieux cabinets de l'Europe. Leur livre offre la lecture la plus piquante et la plus instructive. Jusqu'ici le prix élevé de cet ouvrage ne lui avait laissé accès que dans quelques rares bibliothèques ; aujourd'hui le prix auquel il est coté les lui ouvre toutes.

HISTOIRE PHILOSOPHIQUE DU MONDE PRIMITIF, par Delisle de Sales, de l'Académie, 7 vol. in-8, et atlas de 30 cartes et fig. Quatrième édit. Au lieu de 48 fr. Net 7 fr.

Cette histoire est le meilleur ouvrage d'un auteur original, fécond, dont on a dit : Dieu, l'homme, la nature, il a tout expliqué. Il obtint, lorsqu'il parut, un succès qu'a confirmé le jugement de la postérité.

MÉMORIAL PRATIQUE du chimiste manufacturier, trad. de l'anglais, de C. Mackenzie sur la 3e éd. revue et augmentée par le traducteur, 3 vol. in-8, y compris une Table explicative des 1716 articles contenus dans cet ouvrage, imprimés par Didot, pl. bien dessinées et gravées. Au lieu de 21 f. 4 f.

www.ingramcontent.com/pod-product-compliance
Ingram Content Group UK Ltd.
Pitfield, Milton Keynes, MK11 3LW, UK
UKHW021514260726
13993UKWH00004B/1656

9 782329 438221